目録法キイノート

宮沢厚雄

樹村房

目 次

1. **はじめに** — 03
目録の原義，図書館目録の構成，目録と書誌，情報資源組織

2. **日本目録規則** — 07
日本目録規則，記述の情報源，転記の原則，記述の形式／演習問題

3. **タイトルと責任表示（1）** — 12
タイトル関連情報，並列タイトル，責任表示，他／演習問題

4. **タイトルと責任表示（2）** — 19
部編名，別タイトル，複数の責任表示，他／演習問題

5. **タイトルと責任表示に関する総合演習問題** — 24
演習問題

6. **版表示，出版・頒布等の事項** — 28
版と刷，出版地，出版者と頒布者，出版年／演習問題

7. **形態，注記，ISBN** — 34
ページ数，大きさ，注記(内容細目など)，ISBN／演習問題

8. **単行書に関する総合演習問題** — 41
演習問題

9. **書誌単位（1）** — 46
出版形態，書誌単位，多冊ものの書誌記述，巻次／演習問題

10. **書誌単位（2）** — 60
シリーズものとセットものの書誌記述，2層の書誌階層／演習問題

11. **3層の書誌階層（1）** — 68
集合・基礎・構成から成る3層の書誌階層，他／演習問題

12. **3層の書誌階層（2）** — 76
下位のシリーズが加わった3層(2+1)の書誌階層／演習問題

13. **書誌単位に関する総合演習問題** — 83
演習問題

14. **目録法に関する総合演習問題** — 89
演習問題

15. **見出し項目の選出と編成** — 96
見出し項目の選出とその表記，典拠コントロール，編成／演習問題

1 はじめに

目録の原義, 図書館目録の構成,
目録と書誌, 情報資源組織

1.1. 目録

【1】目録の原義

「目録」は, 日常的に使われる用語ですが, その本来の意味は, 所有する物品の品目リスト（所有品のリスト）, ということです。「所有」の概念が, 目録という言葉の核心にあります。ゆえに, 物品を所有する者こそが, 当該物品の目録を作成できるのです。

【2】目録の機能

目録の機能は, 次の四つにまとめられます。後段の丸カッコ記号のなかに, その機能をもつ事例を示しました。

①所有品の提示（財産目録, 商品カタログ, 展覧会の図録）
②所有権の移転を代行（景品の目録, 記念品の目録, 結納の茂久録）
③技能の伝授を証明（初伝目録, 中伝目録, 皆伝目録）
④所有品の探索（図書館目録）

以下, 「目録」という言葉は, 「図書館目録」を意味するものとします。

1.2. 目録の構成

目録は, 次の五つのパートから構成されています。

①書誌事項の記述
②主題に関する事項の付与
③見出し項目の選出
④見出し項目の編成
⑤所蔵事項の付与

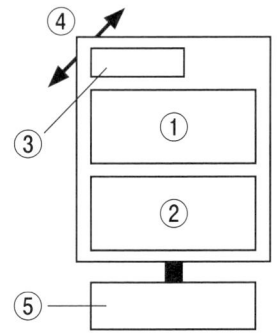

以下, それぞれの概略を述べます。

【1】 書誌事項は, 資料に表示されている（あるいは資料が体現している）データのこと

1 はじめに

です（日本目録規則では「書誌的事項」と呼んでいます）。「書誌事項の記述」は，この書誌事項を，資料の情報源のなかから選び出し，決められた順序で，区切り記号を付与しながら，転記していく作業をいい，略して「書誌記述」とも呼びます。書誌事項の記述（書誌記述）の方法論が「記述目録法」で，単に「目録法」というと，狭義ではこの記述目録法を指します。ちなみに，書誌コントロールとは，書誌事項の記述（書誌記述）を標準化し，複数の図書館のあいだで共有していこうという考え方です。

【2】「主題に関する事項の付与」は，主題を表現しているデータ（件名・分類記号）を，統制語彙表（件名標目表・分類表）を参照しながら，付与していく作業です。主題に関する事項を付与するための方法論が「主題目録法」ですが，二つに大別され，件名を付与する方法論を「件名法」，分類記号を付与する方法論を「分類法」と呼びます。

【3】「見出し項目の選出」は，書誌事項と主題に関する事項のなかから，見出し項目を選び出し，カタカナ表記でヨミを加え，分かち書きを施す作業です。見出し項目選出の方法論が「標目法」です。

【4】「見出し項目の編成」は，選び出した見出し項目をヨミの音順にしたがって並べることです。1件ずつの目録を見出し項目の順で配列していき，目録全体を編成します。見出し項目編成の方法論が「排列法」です。

【5】「所蔵事項の付与」は，所蔵・所在の事実を示す所蔵事項を付与していく作業です。所蔵事項には，所蔵館名・請求記号・登録番号・受入年月日などがあります。所蔵事項の付与こそが目録を目録たらしめる要諦ですが，その方法論はそれぞれの図書館のローカルな慣習に依拠しています。

1.3. 目録と書誌

【1】目録と書誌の相違

目録は，単に図書館での所蔵の有無だけでなく，所有している場合には，どの書架の那辺（なへん）にあるのかという配架の位置をも調べることができます。所在場所まで探索する働きを「所在指示機能」とし，物品のリストを「資料のリスト」として表現を改めると，目録は「資料のリストであって，所在指示機能が付いたもの」となります。

これに対して，単なる「資料のリスト」が，書誌です。したがって，書誌は目録を包含する概念となります。

【2】目録の種類

目録の種類は次のとおりです。前段の丸カッコ記号で種類分けのときの観点を示しました。

①（形態別）冊子体目録，カード目録，シーフ（sheaf）目録，
　　ＣＯＭ（コム，computer output microform）目録，コンピュータ目録
②（所蔵館別）蔵書目録，総合目録
③（見出し項目別）タイトル目録，著者目録，件名目録，分類目録，辞書体目録
④（事務用途別）基本目録（≒タイトル目録），書架目録（≒分類目録）

【3】書誌の種類

書誌の種類は次のとおりです。前段の丸カッコ記号で種類分けのときの観点を示しました。

①（範囲設定別）全国書誌，世界書誌
②（基準設定別）選択書誌
③（テーマ設定別）主題書誌，人物書誌（個人書誌・集合書誌）
④（解説・要約設定別）解題書誌
⑤（三次資料相当）書誌の書誌

1.4. 情報資源組織

【1】「情報資源組織」とは，「図書館に関する科目」の名称に用いられている言葉です。この語は，「情報資源」と「組織」とから成る複合語です。

　前段の「情報資源」は，図書館独自の用語で，媒体（メディア）の種別を指すものです。この用語は「資料」と「ネットワーク情報資源」とを統合した総称として位置付けられています。このとき，前者の「資料」とは，図書や雑誌，音楽ＣＤや映画ＤＶＤなど，パッケージ型のメディアを指し示しています。後者の「ネットワーク情報資源」は，これもまた図書館独自の意味付けのもので，インターネット上の公的な情報，つまり公共性のある有益なウェブ＝サイトのことを示しています。すなわち，パッケージ型のメディアとネットワーク型の公的なウェブ＝サイトとを合わせたものが，図書館でいうところの，情報資源なのです。

　後段の「組織」ですが，この言葉は，バラバラに存在しているものを一つの目的のもとに秩序立てること，あるいは，そのように秩序立てられたまとまり，といった意味をもちます。図書館での用法では，利用者への図書館サービスという目的のもと，受け入れた媒体を整理し，標準化された目録データを作成するという意味にとらえられています。

　以上まとめてみると，情報資源組織とは，資料やウェブ＝サイトの目録を作成することであり，そのようにして整理されたコレクション全体といった意味となります。

1 はじめに

【2】司書養成課程で情報資源組織を教授するにあたって，多くは次のようなカリキュラム編成がとられています。それは，情報資源組織を，内容のうえから「記述目録法」と「主題目録法」に大別し，これを「講義」と「演習」という形式で授業展開するというものです。記述目録法の部には標目法と排列法を含め，主題目録法のほうには所蔵事項のなかの請求記号に関する方法論も含めて，目録の構成を大きく二分しています。この二本柱の内容を，座学主体の講義と実地練習の演習という二通りの教授形式で伝授しているのです。情報資源組織は図書館業務のなかでも専門性がとりわけ高いと考えられており，徹底した理解が得られるよう，このようなマトリックス型の授業構成が採択されています。

【3】さて，本書は目録法（記述目録法）の初歩を，順を追って段階的に学ぶための解説と演習の冊子です。大学などでの「図書館に関する科目」の授業で用いられることを前提に，各章はひとコマ90分を想定して組み立てられ，本文の全章は半期15回を目途に構成されています。資料種別は「図書」に絞り，まず単行書の書誌記述をひととおり説明したのちに，複数冊での出版形態（シリーズもの・セットもの・多冊もの）に対処すべく，書誌単位の考え方を導入した書誌記述のあり方を解説しています。書誌階層の構造についても論じました。最終の第15章では見出し項目に関する標目法と排列法にも触れています。

［注記］本書は，目録の作成において（一部の例外を除き）日本目録規則に準拠し，紙のうえで書誌記述を表現しています。カード目録の場合は，各図書館が日本目録規則に対する適用細則を追加で設定したうえで，目録を作成します。コンピュータ目録ではさらに，コンピュータ入力マニュアルの策定と，コンピュータ業務システムの導入が必要です。

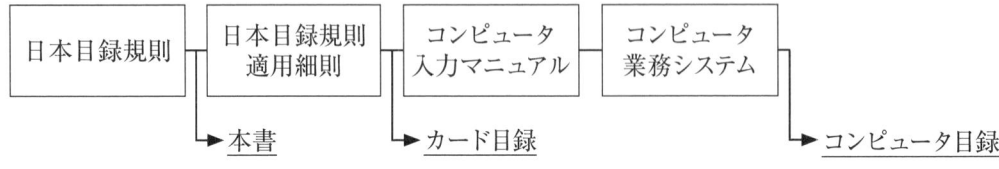

■

日本目録規則

日本目録規則，記述の情報源，転記の原則，記述の形式

2.1. 日本目録規則

【1】記述目録法の具体的な指針を体系的にまとめたものが，**目録規則**です。本書での記述は『日本目録規則』1987年版 改訂3版（日本図書館協会，2006年）に対応しています。1987年に大きく改訂されて「1987年版」と称し，その後にマイナー＝チェンジを重ね「改訂3版」が追記されました。英文略称は「ＮＣＲ１９８７Ｒ３」。

日本目録規則（ＮＣＲ１９８７Ｒ３）の構成は次のとおりです。第Ⅰ部で記述目録法の指針が資料の種別ごとに展開されています。第Ⅱ部は標目法，第Ⅲ部は排列法の指針です。

　　　序説，第0章 総則
　　　第Ⅰ部「記述」（第1‐13章）第1章 記述総則，第2章 図書，第3章 書写資料，第4章 地図資料，
　　　　　　第5章 楽譜，第6章 録音資料，第7章 映像資料，第8章 静止画資料，第9章 電子資料，
　　　　　　第10章 博物資料，第11章 点字資料，第12章 マイクロ資料，第13章 継続資料
　　　第Ⅱ部「標目」（第21‐26章）
　　　第Ⅲ部「排列」（第31‐35章）

【2】記述の対象は「図書館が所蔵するあらゆる資料」（第0章 総則 0.2 この規則で対象とする資料の範囲）です。ただし，本書では対象を資料種別の「図書」に限定しています。

【3】記述の規定には，①本則，②任意規定，③別法，の別があります。本則は，標準となる規定条項で，とくに何の表示もありません。任意規定は，本則の内容をより詳しく展開した条項で，「任意規定」と表示があります。いわば，本則のオプションです。別法は，本則とは正反対の内容を定めた条項で，それぞれの図書館の実情に適うようにと設定されているものです。「別法」との表示があり，本則か別法かは二者択一となります。なお，本書での記述はなべて本則に準拠しています。また，第2章「図書」では，和古書と漢籍とに対応した規定条項「(古)」がありますが，本書では扱いません。

【4】記述の精粗が，①第一水準（必須），②第二水準（標準），③第三水準（詳細），と三段階で定められています。第一水準（必須）は，必要最小限の書誌事項だけを記述する

簡素なレベルです。第二水準（標準）は，標準的な範囲の書誌事項を記述するレベル。第三水準（詳細）は，日本目録規則の規定するすべての書誌事項を網羅した，もっとも詳細なレベルです。それぞれの図書館の実情にしたがって書誌事項の記述範囲を取捨選択することができますが，本書での記述は第二水準（標準）に準拠しています。

【5】記述に用いる区切り記号は，次のとおりです。

斜線（スラッシュ），ダッシュ（ダーシ），角カッコ（ブラケット），丸カッコ（パーレン），ピリオド，コロン，セミコロン，コンマ（カンマ），プラス，イコール

区切り記号はすべて全角ものを使い，ピリオドとコンマ以外は，両端に空白を置きます。ただし，空白が連続すれば一つ分の空白とし，記号の連続では挟まれた空白を省略します。なお，本書では事例箇所で，空白を明示的に△印で表しています。

2.2.「図書」の書誌記述

【1】書誌事項は関連するものをとりまとめて下記のような八つのグループとし，日本目録規則では「書誌事項のエリア」と呼んでいます。

①タイトルと責任表示に関する事項，②版に関する事項，③資料（または刊行形式）の特性に関する事項，④出版・頒布等に関する事項，⑤形態に関する事項，⑥シリーズに関する事項，⑦注記に関する事項，⑧標準番号・入手条件に関する事項

【2】記述の情報源は，＜1＞主たる情報源，＜2＞図書本体で，主たる情報源以外，＜3＞カバー＝ジャケットや函，＜4＞対象図書以外の情報源，です。とくに，タイトル、責任表示、版表示、出版・頒布事項は、主たる情報源から採取します。主たる情報源は，①標題紙（標題紙ウラを含む），②奥付，③背表紙，④オモテ表紙，という，優先順位の定められた，四つの部位です。もしも表示が異なる場合は，主たる情報源4箇所の多数決で，2対2では標題紙を含むほうで，すべて異なれば優先順位にしたがって，記録します。

[注記]図書のページ全体は，表紙にくるまれています。表紙は，製本の仕方で，堅牢な上製本（ハードカバー）と軽装な並製本（ソフトカバー）に分かれますが，いずれの表紙も，オモテ表紙・背表紙・ウラ表紙という三つの部位から成ります。

　表紙をおおうのがカバー＝ジャケット，カバー＝ジャケットの上にまかれているのが帯紙です。さらに函（はこ）に入っていることもあります。

　ページ全体の巻頭に位置するページが，標題紙です。オモテ表紙を開き，（遊び紙の）見返しをめくると，標題紙が現れます。標題紙ウラには，翻訳書では原書のクレジット，

洋書ではＣＩＰ（シーアイピー，cataloging in publication）が印刷されていることがあります。ＣＩＰは，国立図書館などが出版者から提供された校正刷りをもとに作成した，その本じたいの書誌記述で，標題紙ウラに印刷されてから出版されます。

ページ全体での巻末ページが，**奥付**です。ただし，奥付は奇数ページに置くのが慣行なので，ウラは白いままか出版者の自社広告となり，それらが数ページ続くこともあります。

【3】記述は転記を旨とします。転記とは，情報源に表示されているまま，状態を崩さずに記録する行為をいいます。ただし，数字は，数量や順序を示す場合のみ（アラビア数字以外の表示は）アラビア数字に置換します。転記不可能な記号類は，説明の語句を角カッコ記号に挟んで補記し，明らかな誤記は正しい形を角カッコ記号に挟んで補記します。

【4】記述の形式には，①「改行する形式」と，②「追い込む形式」があります。「改行する形式」は，書誌事項のエリアごとに改行するものです。「追い込む形式」は書誌事項のエリアを，連結記号（ピリオド・空白・ダッシュ・空白）を介して次々につなげていくものです。本書での記述は「改行する形式」に準拠します。

【5】記述の骨格は，図書（単行書での出版形態）では次のようになります。

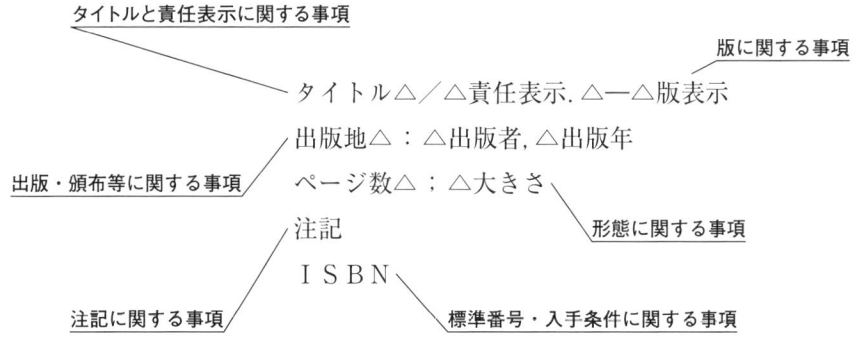

[注記]資料種別「図書」では，以下の書誌事項を使用しません。①「資料（または刊行形式）の特性に関する事項」に含まれる書誌事項，②「タイトルと責任表示に関する事項」のなかの「資料種別」，③「形態に関する事項」のなかの「特定資料種別」。

「版に関する事項」は，非常に短いデータなので，「改行する形式」であっても例外的に改行せず，連結記号を用いて「タイトルと責任表示に関する事項」に連結して記録します。「シリーズに関する事項」のエリアについては，第10章（p 60-63）で説明します。

なお，一つの行が著しく長くなった場合には，記号類が行頭に来ないように注意さえすれば，各自で適宜に改行してかまいません。

「図書」における記述の水準

	必須	標準	詳細
① タイトルと責任表示に関する事項			
1　本タイトル	◯	◯	◯
2　資料種別	−	−	−
3　並列タイトル	−	−	◯
4　タイトル関連情報	−	◯	◯
5　責任表示	◯	◯	◯
② 版に関する事項			
1　版表示	◯	◯	◯
2　特定の版にのみ関係する責任表示	−	◯	◯
3　付加的版表示	−	−	◯
4　付加的版にのみ関係する責任表示	−	−	◯
③ 資料（または刊行形式）の特性に関する事項	−	−	−
④ 出版・頒布等に関する事項			
1　出版地・頒布地等	−	◯	◯
2　出版者・頒布者等	◯	◯	◯
3　出版年・頒布年等	◯	◯	◯
4　製作項目（製作地・製作者・製作年）	−	−	◯
⑤ 形態に関する事項			
1　（特定資料種別と）資料の数量	◯	◯	◯
2　その他の形態的細目	−	◯	◯
3　大きさ	−	◯	◯
4　付属資料	−	◯	◯
⑥ シリーズに関する事項			
1　本シリーズ名	◯	◯	◯
2　並列シリーズ名	−	−	◯
3　シリーズ名関連情報	−	−	◯
4　シリーズに関係する責任表示	−	◯	◯
5　シリーズのＩＳＳＮ	−	−	◯
6　シリーズ番号	−	◯	◯
7　下位シリーズの書誌事項	−	◯	◯
⑦ 注記に関する事項	−	◯	◯
⑧ 標準番号・入手条件に関する事項			
1　標準番号	−	◯	◯
2　入手条件・定価	−	−	◯

2 演習問題 日本目録規則

問い1 NCR1987に関する文章で正しいものをすべて選び，冒頭の数字を○印で囲め。

1 記述の対象とする資料は，日本語の文章でしるされた和書であって，日本語以外の言語で書かれた洋書には対応していない。
2 カバー＝ジャケットや函（はこ）は，図書館によっては廃棄してしまう図書の附属物なので，書誌事項を記述するときの情報源とすることは皆無である。
3 日本目録規則の別法には，本則とは相反する内容が規定されているが，それぞれの図書館の事情によっては本則をしりぞけて採択することができる。
4 情報源にタイトルが旧字・旧かな遣いで表示されていれば，書誌事項を記述するときは新字・新かなに改めてから転記する。
5 記述の第一水準（必須）とは，国際的な書誌情報の交換に必須となるレベルでの記述で，任意規定まで含めたもっとも詳しいものとなる。

問い2 次の空欄に当てはまる語句を，解答群から選んで記入せよ。

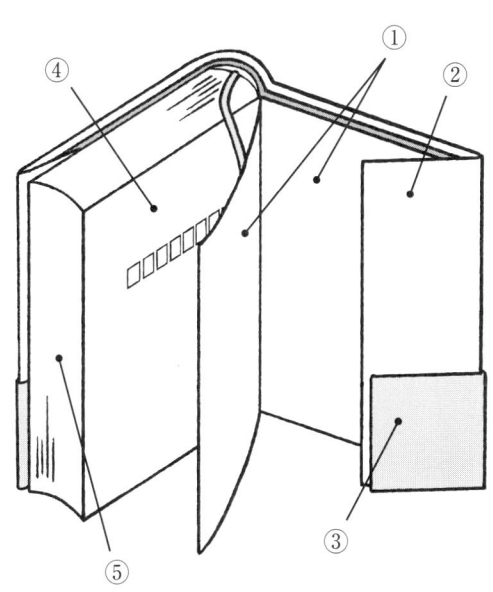

図書の部位のうち，①は＿＿＿＿＿＿である。②は＿＿＿＿＿＿＿で，＿＿＿＿＿＿をくるんでいる。この本の製本は，板紙に布やクラフト紙を貼り合わせた＿＿＿＿＿＿で，ページ全体よりも一回り大きくなる。③は＿＿＿＿＿と呼ばれて，出版者のキャッチ＝コピーなどがしるされている。④は，ページ全体の最初のページで＿＿＿＿＿という。この本の開閉の仕方は＿＿＿＿＿で，本文での文字の組み方は＿＿＿＿＿である。⑤は＿＿＿＿＿で，反対側は＿＿＿＿＿という。

解答群 表紙，カバー＝ジャケット，ブック＝ジャケット，縦組み，横組み，函，標題紙，帯紙，見返し，右開き，左開き，上製本，並製本，小口，ノド

3 タイトルと責任表示（１）

本タイトル, タイトル関連情報, 並列タイトル, 責任表示, 役割を示す語句

本章から第５章までは，標題紙のみを情報源に「タイトルと責任表示に関する事項」の書誌記述を演習します。本章第１節では，本タイトル，タイトル関連情報（タイトル先行事項とサブタイトル），並列タイトルを説明し，第２節では責任表示まで含めて演習します。

3.1. タイトル

【１】タイトルは，図書の名称を示す語句で，本タイトルはその中核を占めるものです。
　本タイトルは，固有性をもった名称でなければなりません。固有性とは，異なるものであると見分けることができ，なおかつ，同じものであると見定めることができること──本タイトルに関していえば，他の図書からは明確に識別でき，当該図書そのものだと確実に同定できる性質をいいます。その他大勢に紛れてしまうような，ありふれたものではないという意味合いです。書誌記述はタイトルから記述を始める以上，固有性をもった本タイトルの選出がまずもって必須となります。なお，あくまでも一つの目安ですが，一般に本タイトルは標題紙の表示のなかでもっとも大きな文字で組まれています。

【１ａ】本タイトルは，本文の言語と一致していることが原則です。もしも情報源に表示されている唯一のタイトルが，本文の言語と異なる場合には，その旨を注記の位置に記録します。

【１ｂ】特別な読ませ方のフリガナが，ルビとして本タイトルの文字に添加されていることがあります。その場合には，該当する語句の直後に，そのフリガナを丸カッコ記号に挟んで付記します。
　　例　『籐籠(バスケット)お手本集』で，「籐籠」に付されている「バスケット」。記録の仕方については，本節【２ｂ】項（p13）を参照。

【２】**タイトル関連情報**は，本タイトルに関連し，本タイトルを限定的に修飾したり補足的に説明したりしている語句で，一般に本タイトルよりも小さな文字で組まれています。本タイトルとの位置関係から「タイトル先行事項」と「サブタイトル」に分かれます。

【2a】タイトル先行事項は，タイトル関連情報のうちで，本タイトルの前方または上部に位置するものです。タイトル先行事項は，原則として本タイトルの一部とみなして記録します（この第3章から第5章までは，標題紙のみを情報源としています）。

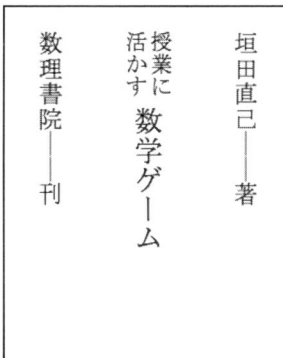

- 例　完本福翁自伝
- 例　授業に活かす数学ゲーム
- 例　図解ビッグデータ早わかり

叙述上の特色を表す語句は，タイトル先行事項の位置にあれば，タイトル先行事項とします。たとえば「講座」「図解」「詳説」「最新」「実用」「演習」などです。

　なお，タイトル先行事項の位置にある表示であっても，他の書誌事項とみなす場合があります（他の書誌事項とみなすタイトル先行事項については，本章p16の注記を参照）。

【2b】サブタイトルは，タイトル関連情報のうちで，本タイトルの後方または下部に位置するものです。サブタイトルは，本タイトルに続けて，コロン記号で区切って記録します（標題紙においてサブタイトルの存在を指定している記号は，転記しません）。

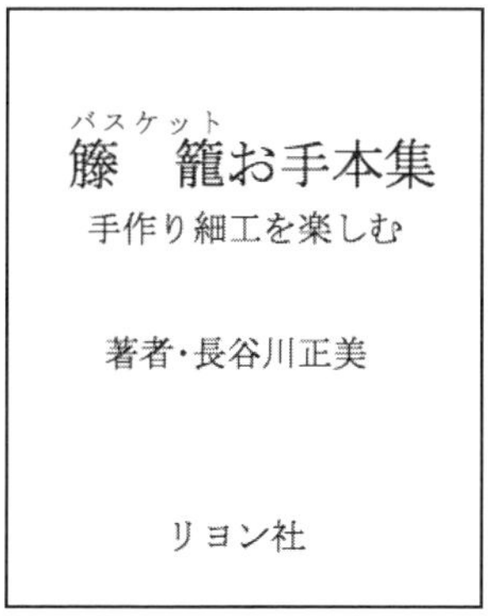

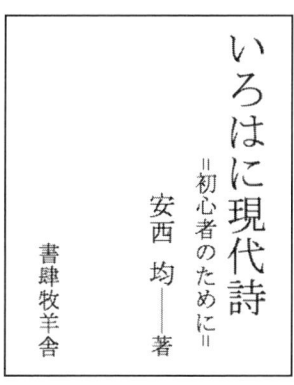

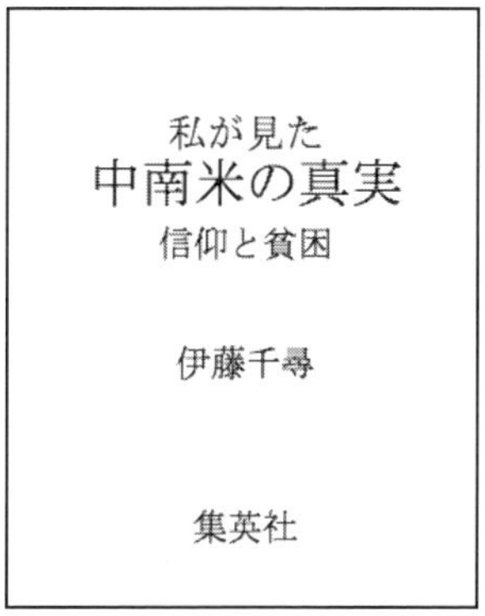

- 例　籐籠△(バスケット)△お手本集△：△手作り細工を楽しむ
- 例　いろはに現代詩△：△初心者のために
- 例　私が見た中南米の真実△：△信仰と貧困

3　タイトルと責任表示（1）

【2ｃ】ただし，タイトル先行事項の位置にあっても，**作品の形式や翻訳・注釈の形式を表す語句**は，転置させてサブタイトルとします。タイトル先行事項の例外措置です。たとえば，「詩集」「戯曲」「写真集」「書簡集」「論文集」「対談」，あるいは「新訳」「対訳」「評釈」「校註」などの語句が相当します。

```
  戯曲                 対談              現代語訳
  嵐が丘            芸のこと技のこと      源氏物語
                                        玉上琢哉
  河野多恵子         江口隆哉×今井重幸
     作

  河出書房新社       アートダイジェスト社      筑摩書房
```

> 例　嵐が丘△：△戯曲
> 例　芸のこと技のこと△：△対談
> 例　源氏物語△：△現代語訳

［注記］作品の形式や翻訳・注釈の形式を，著作物の外側からうかがえるスタイルという意味で，かりに「外形式」と呼ぶこととします。外形式を表す語句をサブタイトルとして扱うのは，とくに文芸作品において，小説を基軸に置き，そこから派生する作品のバリエーションを配列上で一か所にまとめたいという意図に拠るものです。

> 例　嵐が丘
> 　　嵐が丘△：△戯曲
> 　　嵐が丘△：△写真集
> 　　嵐が丘△：△新訳
> 　　嵐が丘△：△対訳リーディング教本

カード目録の時代には，タイトルを見出し項目とした場合に，その冒頭の語句からしか資料探索ができませんでした。そのために，関連する文芸作品の集中を目的として，こうした例外措置が求められたのです。

　なお，「小説」という語句については，実在する人物や現実に起こった事件を扱っている，いわゆる「実録もの」のタイトルに冠されている場合は転置せず，そのままタイトル先行事項として本タイトルに含めて記録します。これは，例外措置のなかの，そのまた例外です。

【3】並列タイトルは，本タイトルの内容を別の言語あるいは別の文字で表現しているタイトルのことです。翻訳書における原書のタイトルや，和書で装飾的に付けられている英

語のタイトルなどが相当します。並列タイトルは，第二水準（標準）では記録せず，必要があれば注記の位置に記録します。

> 例　『図解ビッグデータ早わかり』の「A Quick Illustrated Guide to Big Data」。並列タイトルの，注記での記録の仕方については，第7章のp37を参照。

なお，第三水準（詳細）では，並列タイトルは本タイトルに続けてイコール記号で区切って記録しています。

3.2. 責任表示

【1】責任表示は，著作物の内容に関する創造・具現に，直接的な責任あるいは間接的な寄与を果たしているところの，個人または団体の名称です。団体とは，民間企業，非営利法人，政府機関，会議主体などを指すのですが，これらが責任表示に該当する場合に，とくに「団体著者」と呼ぶことがあります。

責任表示で直接的な責任を果たしている者には，著者，編纂者，（画集における）画家，（写真集における）撮影者などが相当します。間接的な寄与を果たしている者は，翻訳者，編者，監修者，校訂者，注釈者などです。

責任表示は，タイトルに続けて，**斜線記号**で区切って記録します。

【2】役割を示す語句を，責任表示の直後に，情報源にしたがって簡潔に記録します。役割を示す語句は，「著」「共著」「作」「文」「編纂」「画」「絵」「撮影」「訳」「編」「編著」「監修」「監訳」「校訂」「注釈」などです。

ただし，情報源で「原著者」「著者」「著」の表示は，一律に「著」とします（「共著」は表示のまま）。「翻訳者」「訳者」「訳」の表示は，一律に「訳」とします（「監訳」は表示のまま）。「編集者」「編者」「編」の表示は，一律に「編」とします（「編纂」「編著」は表示のまま）。「編集」の複合語の「責任編集」「編集委員」「総編集」「企画・編集」などは表示のままとします。

> 例　図解ビッグデータ早わかり△／△榊原資本市場研究所編著
> 例　籐籠△（バスケット）△お手本集△：△手作り細工を楽しむ△／△長谷川正美著
> 例　嵐が丘△：△戯曲△／△河野多惠子作

［注記］編纂（へんさん，compilation）は，特定の方針・目的のもとで資料を集めて取捨選択し，またはそれに手を加えながら書物の内容をつくりあげることです。目録では，集めて形を整える編集（editing）よりも，内容への関わり方が強いとされています。なお，「編纂」は書物にしか使いませんが，「編集」は書物のほか新聞・雑誌・映画などでも使われます。

3　タイトルと責任表示（1）

【3】責任表示や役割を示す語句が，情報源に表示されていない場合

【3a】役割を示す語句の表示がない場合は，適切な語句を角カッコ記号に挟んで補記します。たとえば，著者の役割を示す語句は省略されることがままあるので，その場合には「著」の文字を角カッコ記号に挟んで補記します。

> 例　私が見た中南米の真実△：△信仰と貧困△／△伊藤千尋△[著]

【3b】責任表示が表示されていない場合は，タイトルから推察できる責任表示と役割を示す語句とを，ともに角カッコ記号に挟んで補記します。

> 例　完本福翁自伝△／△[福澤諭吉著]

著者に関する表示がなく，対象図書以外の情報源でも確然としないときに，「作者不明」や「著者未詳」といった語を角カッコ記号に挟んで補記するようなことは，しません。かかる場合の責任表示には（表示されている）著者以外の役割の者を記録します。

[注記❶]　著者名が，タイトル先行事項の位置にあって，本タイトルより小さい文字で表示されていても，責任表示として記録します。ただし，①著者名が「の」の文字を介して本タイトルにかかっている場合，②本タイトルと同じ大きさの文字で組まれ，著者名を省くと本タイトルの意味が通らない場合には，タイトル先行事項として本タイトルに含めます。

　版表示は，タイトル先行事項の位置にあっても，版表示とします。ただし，「版」の文字を使っていても，「つか版 忠臣蔵」のように人名を冠していたり，「保存版 夜の歌謡曲」のようにキャッチ＝コピーとして機能していたりといったケースでは，転置してサブタイトルとしたり，タイトル先行事項としてそのまま本タイトルに含めたりするのです。

　タイトル先行事項の位置にある出版者名で，とくに辞典類に多いのですが，タイトルとして認知し記憶するかたちは出版者名を含めてと判断できれば，本タイトルに含めます。

　タイトル先行事項の位置にある巻次は，巻次とします。ただし，「続日本紀」のように巻次を含めての本タイトルが広く定着している場合は，この限りではありません。

[注記❷]　「丸カッコ記号に挟んで付記する」は，情報源に表示されている字句を，該当する書誌事項に丸カッコ記号を用いて添加する行為をいいます。「角カッコ記号に挟んで補記する」は，情報源には表示されていないものの，目録作成者の判断で必要とされる字句を，角カッコ記号を用いて添加する行為をいいます。

　また，「記録する」とは，カード目録を作成するときの筆記行為，およびコンピュータ目録に入力するときの打鍵行為をいいます。「記述する」とは，一つの書誌事項だけでなく，一連の書誌事項のまとまりを記録する行為を指しています。

■

3 演習問題 タイトルと責任表示（1）

問い1 下記資料について，標題紙を情報源として，タイトルと責任表示とを記述せよ。

① 現代の危機を考える
共（コミューン）の思想
磯辺俊彦著
日本経済評論社

② 〈非行少年〉の消滅
－個性神話と少年犯罪－
土井隆義
信山社

③ 芭蕉自筆 奥の細道
岩波書店

3 演習問題　タイトルと責任表示（1）

問い2 空欄にあてはまる，もっとも適切な語句をしるせ。

1．近代的な目録規則のかたちを整えての成文化は，①＿＿＿＿＿＿＿＿＿＿（人名）が先鞭をつけた。冊子体目録で，著者名を見出し項目に採択し，同一著者のもとに著作を集中させるという考え方を導入した。91か条から成る規則じたいは，1841年に刊行された②＿＿＿＿＿＿＿＿＿＿（団体名）の蔵書目録，その第1巻の前付ページに収録されている。

2．③＿＿＿＿＿＿＿＿＿＿（人名）は，1876年の図書館員大会で，同年に完成させた十進分類法について説明した。④＿＿＿＿＿＿＿＿＿＿（団体名）の創設が決議されると事務局長に着任し，機関誌の編集主幹となった。閉会まぎわには図書館用品の寄贈を呼びかけ，これが契機となって目録用のカードの判型が3×5インチに統一された。ここからの百年ほどは，カード目録の時代となった。

3．ベルギーの⑤＿＿＿＿＿＿＿＿＿＿（人名）と⑥＿＿＿＿＿＿＿＿＿＿（人名）の二人は，主題を重視した書誌づくりの運動に身を投じた。世界中のカード目録を蒐集して，⑦＿＿＿＿＿＿＿を実現させようとしたのである。この⑧＿＿＿＿＿＿＿運動のさなか，⑨＿＿＿＿＿＿＿＿＿＿の第5版をもとに，分析合成型の手法を取り入れた⑩＿＿＿＿＿＿＿＿＿＿が創案された。初版は1905年だった。

4．⑪＿＿＿＿＿＿＿＿＿＿（団体名）は，1961年にパリで国際会議を開催し，目録規則の標準化を検討する場とした。この会議によって採択された合意事項が，いわゆる⑫＿＿＿＿＿＿＿＿＿＿と呼ばれ，その内容は1963年に公刊された。ここでは，著者名を第一義の見出し項目とすることが確認されている。

5．日本では，戦前に⑬＿＿＿＿＿＿＿＿＿＿（団体名）の『日本目録規則』が，著者名を第一義の見出し項目とし，明治以来のタイトル中心主義を転換させた。維持管理を引き継いだ日本図書館協会は，その1965年版で，著者名を第一義の見出し項目とする「⑭＿＿＿＿＿＿＿＿＿＿方式」を規定した。しかしながら，1977年刊行の新版・予備版では，見出し項目は設定せず，タイトルから始まる書誌記述だけで完結させる「⑮＿＿＿＿＿＿＿＿＿＿方式」を定めた。カードの複製を前提に，後から見出し項目を書き加える方式だった。見出し項目と書誌記述とが切り離され，書誌記述はそれだけで独立したのである。当時すでにコンピュータ目録の構築が始まっていた。

タイトルと責任表示（２）
部編名, 別タイトル, 複数の責任表示, 複数作品を収録する図書

本章でも引き続き，標題紙のみを情報源に「タイトルと責任表示に関する事項」の書誌記述を演習します。本章第１節で，部編名，巻次，別タイトルを説明し，第２節では複数の責任表示に対する記述を学び，第３節で複数作品を収録する図書について演習します。

4.1. タイトル（承前）

【１】本タイトルの,「本体」と従属的な「部分」
本タイトルにおける従属的な「部分」とは，本タイトルが「本体」と「部分」から構成され，「本体」は複数の巻で共通の名称となっているときに，「本体」に附随している，固有性をもたない語句をいいます。この従属的な「部分」は，順序性の有無で「部編名」と「巻次」に分かれます。

【１a】部編名は，本タイトルにおける従属的な「部分」で，明白な（音順以外の，直線的な）順序性が無いものをいいます。たとえば，「赤・白」「陸・海・空」「東・西・南・北」などや，単独で附随する「付録」「補遺」「索引」などの語句が相当します（日本目録規則では部編名のことを「従属タイトル」と呼んでいます）。

部編名は，本タイトルの「本体」に続けて，**ピリオド記号**で区切って記録します。

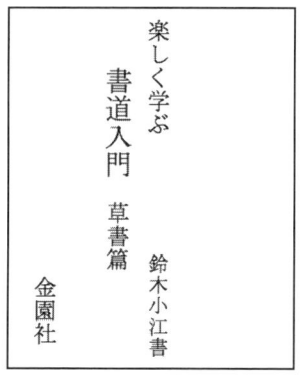 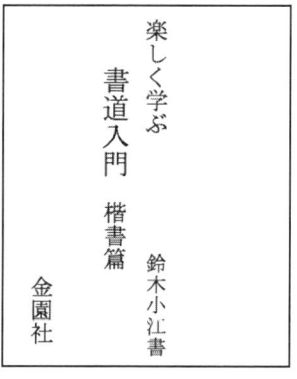 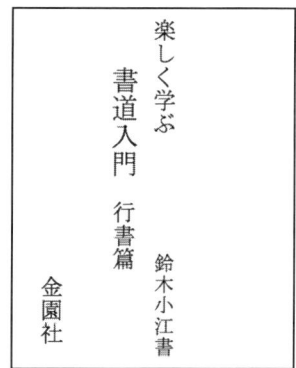

例　楽しく学ぶ書道入門. △草書篇△／△鈴木小江書

19

4 タイトルと責任表示（2）

```
┌─────────────┐ ┌─────────────┐ ┌─────────────┐
│ 鎌倉文庫善本書目 │ │ 鎌倉文庫善本書目 │ │ 鎌倉文庫善本書目 │
│   漢籍之部    │ │   和本之部    │ │    補遺     │
│ 中央大学附属図書館編 │ │ 中央大学附属図書館編 │ │ 中央大学附属図書館編 │
│             │ │             │ │             │
│             │ │             │ │             │
│  中央大学出版会   │ │  中央大学出版会   │ │  中央大学出版会   │
└─────────────┘ └─────────────┘ └─────────────┘
```

例　鎌倉文庫善本書目．△漢籍之部△／△中央大学附属図書館編

【1b】巻次は，本タイトルにおける従属的な「部分」で，明白な順序性を有するものをいいます（「巻冊次」と呼ぶこともあります）。たとえば，「第1巻・第2巻・第3巻・別巻」「正・続・続々・完結」「上・中・下」「前・後」などの語句です（巻次については第9章のp47およびp54で再説しています）。

【2】別タイトルは，二つのタイトルが「または」「あるいは」「一名（いちめい，いちみょう）」などの接続詞を用い，同等の関係で連結表示されている場合の，2番目のタイトルのことです。

別タイトルは，そもそもタイトルをもたなかった古典作品が，時代や地域で異なる呼び方がなされた場合に，それらの別称を連結表示したものです。現代の作品では，本来はありえないのですが，内容における二面性を強調しながらクラシカルな雰囲気を演出する目的で付けられることがあります。

別タイトルは，本タイトルである1番目のタイトルをコンマ記号で区切り，接続詞もコンマ記号で区切った後に，記録します。

例　竹取物語,△あるいは,△かぐや姫のものがたり

4.2. 責任表示（承前）

【1】複数の責任表示は，役割の相違や人数にしたがって，次のように記述します。

【1a】同じ役割で2人までの場合は，両者をコンマ記号で区切って記録します。

例　石田名香雄,△山本敏子著
例　M・スミス,△R・トーマス共著

【１ｂ】同じ役割で３人以上の場合は，最初に表示されている者のみを記録し，２人目以降は「ほか」という言葉を**角カッコ記号**に挟んで補記したうえで，省略します。このとき「最初に表示されている者」の選択に注意しなければなりません。「役割を示す語句」も，角カッコ記号で挟まれた「ほか」という言葉の直後に，忘れずに記録します。

>　例　戸田あきら△[ほか]△訳

【１ｃ】**異なる役割で複数が表示されている場合**は，役割ごとに**セミコロン記号**で区切り，一つの役割のなかで「２人まで」か「３人以上」かを判断して，記録します。

>　例　研究社医学英和辞典△／△石田名香雄,△山本敏子著△；△研究社辞書編集部編
>　例　インターネット・ポリシー・ハンドブック△／△M・スミス,△R・トーマス共著△；△根本彰監修△；△戸田あきら△[ほか]△訳

【２】責任表示で，肩書や法人組織を示す語句は，省略します。

　個人の場合では，職名・地位・身分・称号・学位などの肩書を省略します。ただし，例外として，肩書を省略すると他と識別できなくなる場合には，省略しません。たとえば「デヴィ夫人」や「美智子皇后」などのケースです。

　団体（団体著者）の場合では，冒頭に位置する株式会社・公益財団法人・独立行政法人などの法人組織を示す語句を，省略します。ただし，例外として「○○株式会社」のように名称の後段に位置する場合には，省略しません。

21

4 タイトルと責任表示（2）

4.3. 複数作品を収録する図書

アンソロジー，短編集，全集ものなどのように，複数の作品を収録している図書があります。こうした図書については，次のように記述します。

[表紙画像：『東京小説』林真理子・椎名誠・藤野千夜・村松友視・盛田隆二，日経文芸文庫／『蜘蛛の糸・杜子春』芥川龍之介，新潮文庫／『論語物語』下村湖人『聖書物語』山室静，世界教養全集8，平凡社]

＊『東京小説』は，林真理子著「一年ののち」，椎名誠著「屋上の黄色いテント」，藤野千夜著「主婦と交番」，村松友視著「夢子」，盛田隆二著「新宿の果実」の，五作品を収録。

【1】標題紙に，包括的な総称が表示されている場合は，その包括的な総称を本タイトルとして記録します。標題紙には表示のない，個々の収録作品タイトル（あるいは収録作品タイトルとその責任表示）は，注記の位置に内容細目として記録します（注記での内容細目の記録については，第7章のp37-38を参照）。

　　例　東京小説△／△林真理子△[ほか著]

【2】標題紙に収録作品のタイトルが併記されている場合は，次のように記述します。
　なお，標題紙に収録作品タイトルが併記の場合，それらを本タイトルとするので，注記での内容細目に個々の収録作品タイトルを重ねて記録するようなことは，しません。

【2a】標題紙に，個々の収録作品タイトルが並んで表示されていて，責任表示が同じ場合は，収録作品タイトルのあいだを**セミコロン記号**で区切って記録します。

　　例　蜘蛛の糸△；△杜子春△／△芥川龍之介△[著]

【2b】標題紙に，個々の収録作品タイトルが並んで表示されていて，責任表示が異なる場合は，収録作品ごとにタイトルと責任表示とを記録しつつ，収録作品と収録作品とのあいだは**ピリオド記号**で区切ります。

　　例　論語物語△／△下村湖人△[著]．△聖書物語△／△山室静△[著]

4 演習問題 タイトルと責任表示（2）

問い 下記資料について，標題紙を情報源として，タイトルと責任表示とを記述せよ。

①

L'AMPHION FAUX-MESSIE
贋救世主アンフィオン
一名 ドルムザン男爵の冒険物語

ギヨオム・アポリネール著
辰野隆・鈴木信太郎・堀辰雄 共訳

沖積舎

②

明解 画像診断の手引き
パターン分類による画像診断
呼吸器領域編

●編集―松島敏春 川崎医科大学呼吸器内科学教授
　　　　江口研二 東海大学医学部呼吸器内科教授
　　　　桑原正喜 京都病院副院長・呼吸器センター所長

国際医学出版

＊同名の図書で小児呼吸器領域編がある

5 タイトルと責任表示に関する総合演習問題

問い1 空欄にあてはまる，もっとも適切な語句をしるせ。

1．日本目録規則にしたがった書誌記述は，タイトルから記述を始める。一連のタイトルのグループのなかで，他の図書からはっきりと識別でき，その図書だとしっかり同定できるような，固有性をもった名称が①＿＿＿＿＿＿＿＿＿＿である。

2．②＿＿＿＿＿＿＿＿＿＿は，本タイトルの内容を別の言語あるいは別の文字で表現しているタイトルのことである。翻訳書における原書のタイトルや，和書で装飾的に付けられている英語のタイトルなどが相当する。

3．③＿＿＿＿＿＿＿＿＿＿は，「または」「あるいは」「一名」などの接続詞で連結されている，二番目のタイトルをいう。そもそもタイトルをもたなかった古典作品が，時代や地域で異なる呼び方がなされた場合に，それらの別称を連結表示したものである。現代の作品では，本来はありえないが，内容における二面性を強調しながらクラシカルな雰囲気を演出する目的で付けられることがある。

4．④＿＿＿＿＿＿＿＿＿＿は，本タイトルの周囲に位置する語句をいう。位置関係で，前方か上部では⑤＿＿＿＿＿＿＿＿＿＿，後方か下部では⑥＿＿＿＿＿＿＿＿＿＿という。ただし，本タイトルの周囲にあっても別な書誌事項とみなすことがある。とくに，前方や上部の位置にあっても，内容における叙述上の特色ではなく，外側からうかがえる形式を示す語句については，転置させて ⑥ として扱う。転置させる語句の具体例としては，作品の形式を示す「詩集」「戯曲」「写真集」「書簡集」「論文集」「対談」「鼎談」など，それに翻訳・注釈の形式を示す「新訳」「対訳」「全訳」「評釈」「校訂」などがある。

5．本タイトルが「本体」と「部分」から構成され，「本体」の名称が複数の巻冊で共通のものとなっていることがある。他方，従属的な「部分」の名称は固有性をもたず，さらに順序性も無ければ⑦＿＿＿＿＿＿＿＿＿＿といい，順序性が認められれば⑧＿＿＿＿＿＿＿＿＿＿と呼ぶ。後者の具体例としては，「1・2・3」「正・続・続々・完結」「上・中・下」「前・後」などの語句が該当する。

問い2 下記資料について，標題紙を情報源として，タイトルと責任表示とを記述せよ。

①
原色野草検索図鑑
単子葉植物編
池田健蔵
遠藤博 編
改訂版
北隆館

＊同名の図書で双子葉植物編がある

②
ゲーデル，エッシャー，バッハ
あるいは不思議の環
ダグラス・R・ホフスタッター 著
野崎昭弘　はやし・はじめ　柳瀬尚紀 訳
白揚社

③
隠者の夕暮
シュタンツだより
[原著者]ペスタロッチー
[翻訳者]長田新
岩波書店

④
アリストテレース
詩学
ホラーティウス
詩論
岡道男
松本仁助 訳
柏木透
岩波書店

5 タイトルと責任表示に関する総合演習問題

⑤
```
           レイヤード=ウォルターズ
             ミクロ経済学
              ――応用と演習――
          MICROECONOMIC THEORY
                  by
         P. R. G. Layard and A. A. Walters

              荒畑憲治郎 監訳
         小平浩・細見武雄・前原春樹 翻訳

                  創文社
```

⑥
```
                写真集
              芭蕉紀行
            芭蕉の足跡を訪ねて
                 撮影
                吉村正治

               グラフィック社
```

⑦
```
        The Short Story Collection of
          Ernest Miller Hemingway

                 新訳
             ヘミングウェイ短編集
                西崎憲 訳




                筑摩書房
```

＊「われらの時代」「男だけの世界」「勝者に報酬はない」「キリマンジャロの雪」を収録

⑧
```
               往復書簡集
             あなたのイサドラ
         イサドラ・ダンカン＆ゴードン・クレーグ
              いとしいゴードン

          フランシス・スティーグミュラー 編
              阿部千津子 訳



                 冨山房
```

問い3 書誌記述についての正しい判断をすべて選び，冒頭の数字を○印で囲め。

1　情報源に，表紙やカバー＝ジャケットなどのブック＝デザインを担当した人として「装幀：菊地信義」と表示があったので，責任表示には「菊地信義装幀」と記録した。
2　情報源に，出版社の代表取締役社長として「発行者：野間佐和子」と表示があったので，責任表示には「野間佐和子発行者」と記録した。
3　情報源に，古典作品の語句に注釈を加えた人として「校注：堀内秀晃」と表示があったので，責任表示には「堀内秀晃校注」と記録した。
4　情報源に，会社史を編纂した団体として「編纂：味の素株式会社」と表示があったので，責任表示には「味の素株式会社編纂」と記録した。
5　情報源に，絵本の実作者として「作：あさのあつこ」と表示があったので，責任表示には「あさのあつこ作」と記録した。

 版表示, 出版・頒布等の事項
版と刷, 出版地, 出版者と頒布者, 出版年

本章では（「タイトルと責任表示に関する事項」に続いて），「版に関する事項」「出版・頒布等に関する事項」の書誌記述を演習します。本章第1節で版表示について，第2節では，出版地・出版者・出版年について説明します。

情報源は，本章以降，標題紙に加えて奥付も提示しています。

6.1. 版に関する事項

【1】 **版**（はん）は，（同じ出版者のもとで）同一の印刷用原版から印刷された，コピーの全体をいいます。版（edition）の表示（版表示）は，「初版（第1版)」「第2版」「改訂版」「増補版」など，**内容の更新・改変の順を示すもの**です。版が改まって版表示が変われば，新たな書誌記述をおこします。**版の違いは別の書誌です**。なお，「版」の言葉が使われた表示であっても，他の書誌事項とみなす場合があります。

版表示は最新のものを，責任表示の後に**連結記号**で連結して，記録します。ただし，版表示に漢数字やローマ数字が使われている場合は，アラビア数字に置き換えます。

　　例　原色野草検索図鑑. △単子葉植物編△／△池田健蔵, 遠藤博編. △—△改訂版

【1a】 版の表示がなくても，情報源から特定の版と判断できる場合には，その版の表示を角カッコ記号に挟んで補記します。とくに初版（第1版）の資料は，版表示が省略されることが多いので，「初版」の言葉を角カッコ記号に挟んで補記します。

【1b】 版の表示が，「革装版」「愛蔵版」「机上版」「廉価版」など，同じ内容ながら外装・判型が異なることを示すことがあります。これらの版（version）の表示についても，内容の更新・改変の順を示す版（edition）の表示と同様に扱います。

【2】 **刷**（すり）は，（同じ出版者のもとで）同一の印刷用原版から印刷された，1回分のコピーのことです。刷の表示は内容上での更新・改変が無く，同じ内容のままで一定の部数を改めて印刷した，その順番を示すものです。誤植などの「小さな訂正」は，更新・改変が無いものとみなしています。なお，刷の表示は，書誌記述では記録しません。

28

［注記］刷を実施することを「増刷（ぞうさつ，ましずり）」，あるいは「重版（じゅうはん）」と呼んでいます。新刊広告に見る「重版出来（じゅうはん しゅったい）」は，部数の刷り増しが出来上がったとの意で，当該図書の売れ行き好調を誇示しています。

なお「重版」の語は，こんにちでは増刷と同義となっていますが，吉村保著『発掘日本著作権史』（第一書房，1993年）によれば，古く元禄11（1698）年に見える用法（「重板」）では，無断複製物の意でした。かつては偽版（ぎはん）と同義だったのです。

また「再版」とは，原版が磨滅したことで印刷される紙面がかすれるなどしたときに，同じ内容のままで新たに活字を組み直して刊行したものをいいます。

【3】奥付では，版と刷の表示に出版年を組み合わせることで，内容の更新・改変の順や増刷の頻度が示されています。ただし，出版者によって表示の仕方は異なります。下記の事例では，右側の枠内が出版者ごとに異なる奥付での表示です。

　例　たとえば，刷の表示が省略されたり，初版の表示が省略されたりします。

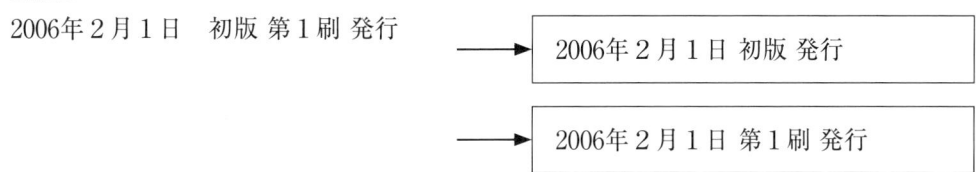

　例　途中の履歴が省略されたり，版や刷の表示が適宜に省略されたりも，します。

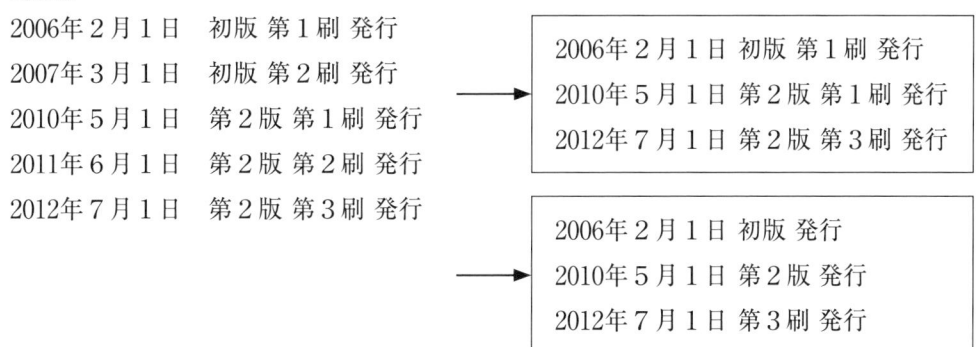

【4】特定の版にのみ関係する責任表示は，特定の版（edition）の更新・改変に限って責任を有する個人・団体の表示です。特定の版にのみ関係する責任表示は，特定の版の表示に続けて，斜線記号で区切って記録し，役割を示す語句を付します。

　例　資料組織法△／△木原通夫著.△―△第3版△／△志保田務△［改訂］

【5】付加的版表示は，特定の版（edition）のもとで，異なる版（version）が刊行されたときの表示です。第二水準（標準）では記録しません。

付加的版にのみ関係する責任表示も，第二水準（標準）では記録しません。

6 版表示, 出版・頒布等の事項

6.2. 出版・頒布等に関する事項

【1】 出版地は，出版者の所在地です。出版地は，市名か町名か村名を記録するのですが，市名のみ「市」の文字を省きます。識別の必要があれば，都道府県名を丸カッコ記号に挟んで付記します。ただし，東京都二十三区は，出版地を一律に「東京」とします。

【2】 出版者は，出版物の製作・刊行に責任をもつ個人・団体です。「出版社」「発行所」「発行元」「版元」などと同義です。出版者の名称は，奥付では「発行」あるいは「発行所」の頭書きのもとで示されています。一方で，奥付での「発行人」あるいは「発行者」の頭書きは，出版者の代表責任者を示しているものです。

　出版者は，出版地に続けて，コロン記号で区切って記録します。ただし，冒頭または後段に位置する法人組織を示す語句は，一律に省略します。法人組織を示す語句の扱いで，出版者では省略し，責任表示での団体著者は後段を省略しない点に要注意（p 21参照）。

【2 a】 頒布者は，出版物の販売権を有して流通過程にのみ関与する者をいいます。奥付では「発売」あるいは「発売元」という頭書きのもとで示されています。第二水準（標準）では記録せず，必要があれば注記の位置に記録します（頒布者の，注記での記録の仕方は，第7章の p 37を参照。また本章 p 32の注記にも目を通してください）。

　第三水準（詳細）では，頒布者は，出版者の後にコロン記号で区切って記録し「発売」の語を丸カッコ記号に挟んで付記しています。

【3】 出版年は，出版物の刊行された年です。「発行年」「刊行年」などと同義です。

　出版年は，最新の版における第1刷の年を西暦で記録し，「年」の文字は省略します。出版者に続けて，コンマ記号で区切って記録します。出版月は記録しません。

[注記] 和暦から西暦への換算は，次の方法に拠ります。

　　　明治A年　　A＋1867＝西暦
　　　大正B年　　B＋1911＝西暦
　　　昭和C年　　C＋1925＝西暦
　　　平成D年　　D＋1988＝西暦
　　　令和E年　　E＋2018＝西暦

【3 a】 出版年の表示がなく，頒布年（「発売」の語で指示），著作権表示年（マルシー記号で指示），印刷年（「印刷」の語で指示）の表示があるときには，この優先順位にしたが

って記録します。そのときに，頒布年には「発売」，印刷年には「印刷」の語句を直後に付加し，著作権表示年にはローマ字で小文字の「c」を冒頭に付加します。

> **例** たとえば「1989発売」「c 1989」「1989印刷」

なお，製作項目（製作地・製作者・製作年）は，第二水準（標準）では記録しません。

【3b】複数冊の資料を対象に記述するときに，出版年が複数年にまたがる場合には，刊行開始の年と完結の年をハイフンで結んで記録します。資料が刊行継続中で，完結する年が未定の場合には，ハイフンの先を空白とします。

【4】事例を2件，提示します。

情報源は，本章から標題紙と奥付とを示しています。書誌事項を記述するときには，標題紙か奥付のどちらか一方に表示があれば，それを採択します。双方の表示が異なれば，優先順位にしたがって標題紙の表示を採択し，必要とされる書誌事項の表示がいずれにもなければ，妥当と判断される語句を角カッコ記号に挟んで補記します。

奥付は，江戸時代の風俗取締りに関連しての御触書，明治になっての出版条例，出版法と，連綿として続いた法規制の産物です。出版物の取締りに必要な項目の掲載が出版者に課せられてきました。1949（昭和24）年に出版法は完全に廃止されたものの，慣行として残っており，出版に関する項目の多くが奥付に盛られています。

［標題紙］

基本件名標目表
第 3 版

日本図書館協会件名標目委員会編

社団法人 日本図書館協会
1 9 8 3

［奥付］

基本件名標目表　　第3版
1956年2月25日　初　版　第1刷　発行
1971年8月29日　改訂版　第1刷　発行
1983年9月12日　第3版　第1刷　発行
1997年3月25日　第3版　第12刷　発行
編　者　社団法人 日本図書館協会件名標目委員会
発　行　社団法人 日本図書館協会
　　　　東京都世田谷区太子堂1-1-10
　　　　電話 03(3410)6411
セット定価6,180円（本体6,000円）（本編・別冊共）

©1983 The Japan Library Association
ISBN4-8204-8306-4 C3000 P6180E

> **例** 基本件名標目表△／△日本図書館協会件名標目委員会編.△—△第3版
> 　　東京△：△日本図書館協会, △1983

31

6 版表示, 出版・頒布等の事項

（承前）

[標題紙]

> ももたろうばなし
> 桃太郎話
> みんな違って面白い
>
> 立石憲利　編著
>
> 岡山市デジタルミュージアム

[奥付]

> 桃太郎話──みんな違って面白い
> 平成18年3月31日　第一刷発行
>
> 編著者　立石憲利（たていし のりとし）
> 発　行　岡山市デジタルミュージアム
> 　　　　〒700-0024 岡山県岡山市駅元町15-1
> 　　　　電話 086-898-3000　FAX086-898-3003
> 　　　　http://www.city.okayama.jp/dm
> 発　売　吉備人出版
> 　　　　〒700-0823 岡山県岡山市丸の内二丁目11-22
> 　　　　電話 086-235-3456　FAX086-234-3210
> 　　　　http://www.kibito.co.jp
> 印刷所　株式会社三門印刷
> 製本所　有限会社明昭製本
> ©2006 TATEISHI Noritoshi, Printed in Japan
> ISBN4-86069-127-X C0039

　例　桃太郎話△：△みんな違って面白い△／△立石憲利編著.△─△[初版]
　　　　岡山△(岡山県)△：△岡山市デジタルミュージアム,△2006

[注記] 出版物のおよそ7割は，下記のような「書店ルート」と呼ぶ流通経路をとります。
　　　　出版者　→　取次　→　書店
卸売業者である取次は，出版者との取引を始めるにさいして，継続的に出版物を刊行できるかどうかなどを審査します。信用できると判断した場合に，取引先として新規に登録をするのです。これを出版者の側では「取引口座が開設された」といいます。口座が開設されると，刊行した本を取次に出荷して，全国の書店に配本してもらえるのです。

　ところが，新興の小規模な出版者は，取引条件が厳しいこともあって，なかなか口座開設がかないません。そこで，すでに取引口座をもっている他の出版者に手数料を支払って「口座を貸してもらう」のです。このときに「口座貸し」をするのが，頒布者です。取次との取引口座をもたない出版者から出版物の流通を委託されて，その業務を代行しているわけです。なお，取次は，頒布者とはみなしません。
■

演習問題 版表示,出版・頒布等の事項

問い 下記資料について,標題紙と奥付とを情報源として,タイトルと責任表示,版表示,出版地・出版者・出版年を記述せよ。

① ［標題紙］

英語で折り紙
Origami in English

山口 真

［奥付］

英語で折り紙
Origami in English
1996年4月19日 第1刷発行
1997年8月28日 第9刷発行
著 者 山口 真
発行者 野間佐和子
発行所 講談社インターナショナル株式会社
　　　　東京都文京区音羽1-17-14
　　　　電話 03-3944-6493(編集)
　　　　　　 03-3944-6492(営業)
印刷所 大日本印刷株式会社
製本所 株式会社堅省堂
ISBN4-7700-2027-9

② ［標題紙］

和英用語対照
税務・会計用語辞典

八訂版

国税庁企画課長 花角和男 編

財経詳報社

［奥付］

和英用語対照
税務・会計用語辞典
昭和53年2月30日 初 版 発行
平成8年11月30日 八訂版 発行

編 者 国税庁企画課長・花角和男
発行者 永富保之
発行所 株式会社財経詳報社
　　　　東京都港区東新橋1-2-9
　　　　電話 03(3572)0624(代)
　　　　振替口座 00170-8-26500
印刷・製本 法令印刷株式会社
Printed in Japan　　　ISBN4-88177-147-7

7 形態, 注記, ISBN

ページ数, 大きさ,
注記(並列タイトル・頒布者・内容細目など), ISBN

本章では,「形態に関する事項」「注記に関する事項」「標準番号・入手条件に関する事項」を演習します。本章第1節では形態に関する事項のなかの, とくにページ数と大きさを, 第2節では注記に関する事項のなかの, とくに並列タイトル・頒布者・内容細目の扱いを, 第3節では標準番号・入手条件に関する事項のなかのＩＳＢＮを説明します。本章での説明によって, 単行書での一連の書誌記述は完結することになります。

　情報源は, 本章以降, 標題紙と奥付を引き続き提示し, 加えて奥付の欄外に, ページ番号付けの種類別での最終数と, 図書外形の高さの実測値とを示しています。

7.1. 形態に関する事項

形態に関する事項は,「資料の数量」として「ページ数」と「図版数」があり,「その他の形態的細目」として図書では「挿図・肖像・地図など」があり, それに「大きさ」と「付属資料」で構成されています。

【１】ページ数は, 印刷されたページ番号（ノンブル）の最終数をアラビア数字で記録し, ローマ字で小文字の「ｐ」を補記します。複数冊の資料を対象に記述するときは,（ページ数ではなく）冊数を記録します。ページ番号は, 標題紙あるいは本文（著作の純粋な中核部分）の直前に置かれた本扉から, 数え始められています。ただし, 標題紙や本扉そのものはページ数には数えるものの, ページ番号は印刷されずに省略されます。

【１ａ】ページ番号付けが（アラビア数字以外の, 漢数字やローマ数字などでも付番されていて）二種類以上に分かれている場合には, それぞれの最終数をアラビア数字に変換したうえで, 表示順にコンマ記号で区切って記録し, 最後に「ｐ」の文字を補記します。

［注記❶］ページ番号付けが二種類以上に分かれる理由は, ひとつには, 本文（著作の純粋な中核部分）のページ番号をいち早く確定させたいという, 本づくりの作業工程に起因します。というのも, 本文じたいのページ番号が定まらなければ, 目次を作成することもできないし, 本の厚みを掌握できずに背幅の寸法も決められないからです。

作業工程上，本文は先行して印刷所に入稿し，アラビア数字で「1」からのページ番号を割り振ってしまいます。そのために，遅れてページ番号付けをする目次やまえがきなどは，本文ですでに使っているアラビア数字を避けて，ローマ数字などの別な数種を使うことになるのです（作業工程に時間的な余裕があれば，この限りではありません）。

巻末の索引も，ページ番号付けが異なることがあります。それは文字組みの事情に拠るものです。本文が縦組みの場合に，索引を横組みにしようとすると，奥付のほうから逆向きでページを進行させなければなりません。そこで，漢数字など別な数種を使って，本文とは逆順にページ番号付けを施していくというわけです。

[**注記❷**] ローマ数字からアラビア数字への変換は，次のとおりです。

まず，ローマ数字は大文字と小文字のそれぞれに七つの数種があり，大文字は大文字，小文字は小文字で組み合わせます。0（零）を表わす数種はありません。

    I（1），V（5），X（10），L（50），C（100），D（500），M（1000）
    i（1），v（5），x（10），l（50），c（100），d（500），m（1000）

これらの数種を，左から右へ，大きい数種から小さい数種へと並べて，順に足し算していくことで数字を表現します。ただし，次のような例外の規則があります。

    I（1）は，V（5）とX（10）だけから，その左側にあれば，引き算する。
    X（10）は，L（50）とC（100）だけから，その左側にあれば，引き算する。
    C（100）は，D（500）とM（1000）だけから，その左側にあれば，引き算する。

たとえば，99は，IC（100−1）ではなく，XCIX {(100−10) + (10−1)} とします。また，1999は，MCMXCIX {1000 + (1000−100) + (100−10) + (10−1)} となります。

【**1 b**】多冊もの（第9章のp 47を参照）で複数冊全体に連続したページ番号付けがなされ，そのために分冊刊行される巻冊のページ番号が，途中の数字から始まっていることがあります。そのときは，最初と最後のページ番号をハイフンで結び，ローマ字で小文字の「p」を，この場合は数字の前において，記録します。なお，この規定は，多冊ものを物理単位（第9章のp 52を参照）で記述しようとするときのものです。

【**2**】図版は，ページ全面にわたって印刷されていながら，一連のページ番号付けには<u>含まれておらず，ページ番号なしで独立しているもの</u>をいいます。標題紙前後にある口絵や，本文のあいだに挟まれてアート紙に写真が印刷されているページなどが相当します。

その図版数は，ページ数に続けてコンマ記号で区切り，「図版」の語を冠したうえ，ページ数または枚数を数えて角カッコ記号に挟んで記録し，ローマ字で小文字の「p」または漢字で「枚」の文字を補記します。

7 形態, 注記, ISBN

【3】挿図・肖像・地図などとは，一連のページ番号付けに含まれていて，ページ全面にわたってとくに注目に値する挿図・肖像・地図などが印刷されているものをいいます。挿図・肖像・地図などは，資料の数量に続けてコロン記号で区切り，「挿図」「肖像」「地図」の語を記録し，それらのあいだはコンマ記号で区切りつつ，必要に応じて図数を丸カッコ記号に挟んで付記します。

> 例　160 p，図版△[4]△枚△：△挿図△(13図)，△肖像△(2 図)，△地図△(5 図)

【4】**大きさ**は，資料の数量（あるいは挿図・肖像・地図など）に続けて，**セミコロン記号**で区切って記録しますが，対象とする図書の外形の高さ（縦の長さ）をセンチメートルの単位で実測し，小数点以下の端数は切り上げて，ローマ字で小文字の「ｃｍ」の2文字を補記します。

横長本（横幅が縦よりも大きいもの）は，縦の長さと横の長さとを掛け算記号で結んで記録します。高さが10ｃｍ未満の豆本は，小数点以下1桁までを記録します。

【5】付属資料は，ある図書と同時に刊行され，その図書と合わせて利用することを意図した資料です。付属資料があれば，大きさに続けてプラス記号で区切り，その付属資料の特性を示す語句（別冊，地図，ＣＤ-ＲＯＭなど）を記録し，必要に応じて数量や大きさを丸カッコ記号に挟んで付記します。

> 例　△＋△別冊実例集 1 冊（12 p△；△21cm）
> 例　△＋△ＣＤ-ＲＯＭ 1 枚（12cm）
> 例　△＋△ポスター 1 枚（70×120cm，△折りたたみ22cm）

7.2. 注記に関する事項

注記には，目録規則の定めた規定の範囲に収まりきらないけれども，その図書の独自性を強く反映すると思われる事項を，目録作成者の判断のもとで，記録します。

なお，注記での頭書きに用いる**コロン記号**は，書誌記述における区切り記号ではないので，後段にのみ空白を置きます。

【1】特定の書誌事項には属さない注記
①明らかな誤記を正しい形に訂正して記録したときの，もとの誤った形とその情報源。
②情報源に表示されている唯一のタイトルが，本文の言語と異なる場合，その旨。

> 例　本文は日本語

【2】タイトルと責任表示に関する注記
①主たる情報源のなかでタイトルや責任表示が異なる場合に，記録しなかったほうの表示。
　　例　奥付・背表紙のタイトル：△アユ釣り
②任意規定として，「3人以上」だったので責任表示には記録しなかった著者など。
③翻訳書における原書のタイトル，あるいは，和書でありながら装飾的な意図で付けられている英語のタイトルなどの，**並列タイトル**。
　なお，欧文の転記は，当該言語の正書法にもとづく表記に拠ります。
　　例　原タイトル：△Microeconomic theory
　　例　英語のタイトル：△A quick illustrated guide to big data

【3】版および書誌的来歴に関する注記
書誌的来歴とは，ある図書が複製や翻訳などを経て別な出版物として刊行された場合に，その経緯・変遷のことをいいます。
①改題の事実や著作の初出など。
　　例　原書第3版の翻訳
②（復刻版などの）複製本において，原本を特定するために必要な書誌事項。
　　例　原本の出版事項：△東京△金港堂書籍△明治25年

【4】出版・頒布等に関する注記
①出版者と頒布者の双方の表示があるときの，**頒布者**。
　　例　発売：△吉備人出版

【5】形態に関する注記
①ページ番号付けについての説明。
　　例　見開き2ページで同一のページ番号付け
②容器についての説明。
　　例　函入り

【6】内容に関する注記
①その図書に含まれる，参考文献・書誌・年表・年譜・解説など。
　　例　参考文献：△p 403-409
　　例　解説（関川夏央）：△p 257-259
②**内容細目**。内容細目は，記述対象の図書の内容を構成する（そこに収録されている），個々の作品の書誌事項のことです。複数作品を収録する図書で，標題紙に包括的な総称が表示されている場合に，収録作品のそれぞれの書誌事項が，内容細目となります。

7 形態, 注記, ISBN

内容細目は，最初に「内容：」と頭書きを置き，続けて収録作品タイトルかあるいは収録作品タイトルとその責任表示とを，収録順にピリオド記号で区切って，記録します。

> 例　内容：△われらの時代．△男だけの世界．△勝者に報酬はない．△キリマンジャロの雪

> 例　内容：△一年ののち△／△林真理子著．△屋上の黄色いテント△／△椎名誠著．△主婦と交番△／△藤野千夜著．△夢子△／△村松友視著．△新宿の果実△／△盛田隆二著

7.3. 標準番号・入手条件に関する事項

【1】標準番号は，図書ではＩＳＢＮを記録します。「ＩＳＢＮ」の文字を冠したまま，13桁（旧規格は10桁）の数字を，ハイフンも含めて転記します。

【1a】ＩＳＢＮ（International Standard Book Number, 国際標準図書番号）は，図書を識別するための国際的なコード体系です。1970年に国際標準規格となり，1981年に日本へ導入されました。2007年には数字部分が10桁から13桁へ拡張されています。

なお，日本への導入時には**日本図書コード**（ＩＳＢＮ＋分類コード＋価格コード）として再編成されました。**書籍ＪＡＮコード**は，日本図書コードの内容をバーコード＝シンボルで表現したものです。

【1b】複数のＩＳＢＮは，連結記号で連結して記録します。識別のために，それぞれのＩＳＢＮの末尾に，巻次などを丸カッコ記号に挟んで付記します。

> 例　ISBN4-87728-285-8△（上）．△―△ISBN4-87728-286-6△（下）

> 例　ISBN978-4-384-05901-4△（第１巻）．△―△ISBN978-4-384-05900-7△（セット）

【2】入手条件は，任意規定です。「販売」「非売品」「無償」「会員頒布」などの入手方法を記録しますが，「販売」は定価（本体価格）も併記します。

［注記］ＩＳＢＮ，日本図書コード，書籍ＪＡＮコード，それに，ＩＳＳＮ，雑誌コード，定期刊行物コード（雑誌）といった，出版物の流通管理コードに関する詳細は，宮沢厚雄著『図書館情報資源概論』新訂第４版（理想社，2018年）の，第４章「図書（３）管理」を参照してください。

7 演習問題 形態, 注記, ISBN

問い1 下記資料について，作成された書誌記述に不適切な箇所があれば，指摘して訂正せよ。この書誌記述は，標題紙と奥付，それに奥付の欄外に示されている，ページ番号付けの種類別最終数と外形高さの実測値のデータを情報源に，作成されたものである。

［標題紙］

図解
自然と遊戯(ゲーム)
—偶然を支配する—

R・タン=著

松浦一人+服部清美+立花隆=訳

［奥付］ xiv, 367p 19.5cm

図解
自然と遊戯 —偶然を支配する—

著者　R・タン
訳者　松浦一人, 服部
　　　清美, 立花隆
　　　©1997
平成9年10月28日
　　　初版発行
平成11年11月28日
　　　第2刷発行
ISBN4-8029-0179-6

発行者
植木直純
発行所
深山社
東京都文京区
音羽3-3-38
Printed in Japan

図解自然と遊戯（ゲーム）：偶然を
支配する ／ R・タン著 ； 松浦
一人［ほか］訳．― 第2刷
東京 ： 深山社, 平成11年
xiv, 367p ; 19.5cm
ISBN4-8029-0179-6

7 演習問題　形態, 注記, ISBN

問い2 書誌記述についての正しい判断をすべて選び，冒頭の数字を○印で囲め。

1　武蔵野大学の住所は，東京都 西東京市 新町一丁目1-20だが，その大学での出版物の書誌事項を記述するとき，出版地の項は「東京」とした。

2　日本図書館協会の正式名称は，公益社団法人 日本図書館協会 ゆえ，同協会の出版物の書誌事項を記述するとき，出版者の項は「公益社団法人日本図書館協会」とした。

3　印刷された最終のページ番号は256で，その後に版元の自社広告が4ページ分続いていたものの加算せず，書誌事項のページ数として「256p」と記録した。

4　ある文庫本の外形の高さを実際に計測すると15.2ｃｍだったので，書誌事項を記述するとき，大きさの項では小数点以下の端数を四捨五入して「15ｃm」とした。

5　ＩＳＢＮは，2007年1月1日から13桁への拡張が実施されたので，それ以前に出版された10桁の旧規格のものは，先頭に「978-」を付け，13桁にして記録した。

8 単行書に関する総合演習問題

問い1 下記資料の，タイトルと責任表示に関する書誌記述を解答群から選べ。ただし，提示されている標題紙から判断できる記述を「標準」レベルでしるしたものとする。

A	B	C	D	E
熱海エレジー ATAMI ELEGY 酒井みずか	熱海エレジー 浜松ラプソディ 酒井みずか	熱海エレジー 　　酒井みずか 浜松ラプソディ 　　山口あゆみ	熱海エレジー 酒井みずか 山口あゆみ	熱海エレジー または 浜松ラプソディ 酒井みずか
[　　]	[　　]	[　　]	[　　]	[　　]

[解答群]

1　熱海エレジー　／　山口あゆみ　［著］
2　熱海エレジー　／　酒井みずか　［著］
3　熱海エレジー　／　酒井みずか，山口あゆみ　［著］
4　熱海エレジー　＝　Atami elegy　／　酒井みずか　［著］
5　熱海エレジー　＝　浜松ラプソディ　／　酒井みずか　［著］
6　熱海エレジー　；　浜松ラプソディ　／　酒井みずか　［著］
7　熱海エレジー　；　浜松ラプソディ　／　酒井みずか，山口あゆみ　［著］
8　熱海エレジー　；　または浜松ラプソディ　／　山口あゆみ　［著］
9　熱海エレジー　／　酒井みずか　［著］．浜松ラプソディ　／　山口あゆみ　［著］
10　熱海エレジー，または，浜松ラプソディ　／　酒井みずか　［著］
11　熱海エレジー　；　または浜松ラプソディ　／　酒井みずか　［著］
12　熱海エレジー　／　酒井みずか　；　山口あゆみ　［著］

8 単行書に関する総合演習問題

問い2 下記資料の書誌事項をNCR1987にしたがって記述せよ。

［標題紙］　　　　　　　　　　　　　　［奥付］　232p　18.8cm

標題紙:
- 元三一書房編集者　井家上隆幸
- 若手編集仕掛け人　永江朗
- 元スーパー・エディター　安原顯

超激辛 爆笑鼎談
「出版」に未来はあるか?
中央公論買収の裏側、三一書房ロックアウトの真相

編書房

奥付:

超激辛 爆笑鼎談・「出版」に未来はあるか?
　　―中央公論買収の裏側、三一書房ロックアウトの真相―
1999年6月10日　　　第1刷発行

【著　者】井家上隆幸、永江　朗、安原　顯
【発行者】國岡克知子
【発行所】有限会社 編書房
　　　　〒136-0071 東京都江東区亀戸1-38-5-601
　　　　電話/FAX　03-3684-9124
【発売元】株式会社 星雲社
　　　　〒112-0012 東京都文京区大塚3-21-10
　　　　電話 03-3947-1021　FAX 03-3947-1617
【印刷所】古澤印刷株式会社

©1999 Takayuki Ikegami、Akira Nagae、Akira Yasuhara
ISBN4-7952-3744-1

問い3 下記資料の書誌事項をNCR1987にしたがって記述せよ。

[標題紙]

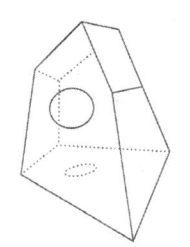

伊藤真の
憲法入門
講義再現版 第❹版
伊藤真[著]
The Guide to Constitution
by Makoto Itoh.
The fourth edition
日本評論社

[奥付] ⅹⅲ, 235p　25.9cm

伊藤真（いとうまこと）の憲法入門（けんぽうにゅうもん）第4版――講義再現版

● ――1997年5月15日　第1版第1刷発行
　　　1999年12月10日　第2版第1刷発行
　　　2004年3月15日　第3版第1刷発行
　　　2010年3月15日　第4版第1刷発行

著　者――伊藤真
発行者――黒田敏正
発行所――株式会社　日本評論社
　　　　　〒170-8474　東京都豊島区南大塚3-12-4
　　　　　電話 03-3987-8621(販売)――8631(編集)
印刷所――株式会社平文社
製本所――株式会社難波製本
検印省略©M. ITOH
Printed in Japan
ISBN978-4-535-51734-9

問い4 下記資料の書誌事項をＮＣＲ1987にしたがって記述せよ。

[標題紙]

Stay Hungry, Stay Foolish
スティーブ・ジョブズ自伝
大西泰斗、本間之英、落合務／訳

人文舎

[奥付] ｘⅰｘ,２５５ｐ　２５.２ｃｍ

Stay Hungry, Stay Foolish
スティーブ・ジョブズ自伝
平成24年12月20日　第一版発行

訳者――大西泰斗、本間之英、落合務
発行人――清水一人
発行所――人文舎株式会社
〒101-0051 東京都千代田区神田神保町1-5市瀬ビル
[電話]03-3291-9831 [振替]00190-7-192955
印刷所――創文社印刷株式会社
製本所――小泉製本株式会社
Printed in Japan
ISBN978-4-12003-741-2 C0023

問い5 下記資料の書誌事項をNCR1987にしたがって記述せよ。

［標題紙］

Principle of Economics
マンキュー経済学
第2版　ミクロ編
N・グレゴリー・マンキュー
著
足立英之＋石川城太＋小川英治＋
地主敏樹＋中馬宏之＋柳川隆
訳

東洋経済新報社

［奥付］ ⅹⅹⅰⅹ，848ｐ　26.8ｃｍ

マンキュー経済学　ミクロ編（第2版）
平成19年10月20日　発行
訳者　足立英之／石川城太／小川英治／
地主敏樹／中馬宏之／柳川隆
発行者　高橋宏
発行所　東京都中央区日本橋本石町1-2-1
株式会社東洋経済新報社
ISBN978-4-492-31352-7

Principle of Economics
マンキュー経済学
第2版　マクロ編
N・グレゴリー・マンキュー
著
足立英之＋石川城太＋小川英治＋
地主敏樹＋中馬宏之＋柳川隆
訳

東洋経済新報社

ⅹⅹⅴⅰⅰ，856ｐ　26.8ｃｍ

マンキュー経済学　マクロ編（第2版）
平成19年10月20日　発行
訳者　足立英之／石川城太／小川英治／
地主敏樹／中馬宏之／柳川隆
発行者　高橋宏
発行所　東京都中央区日本橋本石町1-2-1
株式会社東洋経済新報社
ISBN978-4-492-31353-4

［標題紙ウラ（部分，ミクロ編・マクロ編とも共通に表示）］
Principle of Economics Third Edition by N. Gregory
Mankiw, original work copyright ©2004 published by
South-Western, a division of Tomson Learning, Inc.

45

⑨ 書誌単位（1）
出版形態（シリーズもの・セットもの・多冊もの），
書誌単位，多冊ものの書誌記述，巻次

9.1. 単体での出版形態

これまで演習してきたのは，一冊の図書がそれ単独で完結する出版形態についてで，単行書あるいは単行本と呼ばれているものでした。記述の骨格を，もう一度下記に示します。

　　　　タイトル△／△責任表示. △―△版表示
　　　　出版地△：△出版者, △出版年
　　　　ページ数△；△大きさ
　　　　注記
　　　　ＩＳＢＮ

9.2. 複数冊での出版形態

実は，複数冊の図書が，相互に関連して刊行されることがあります。総合タイトルのもとでグループにまとめることのできる出版形態です。

「総合タイトル」とは，複数冊に共通に付いているタイトルをいいます。共通に付いている総合タイトルが存在するからこそ，その総合タイトルのもとで複数冊がグループ化できるのです。このとき，総合タイトルに加えて，個々の分冊にもそれぞれに独自のタイトルが表示されていることがあります。これを「個別タイトル」と呼ぶこととします。

総合タイトルをもつ集合的な出版形態は，個別タイトルがあるか無いか，また複数冊全体が完結するのか終期を予定しないで継続中なのかという要件で，「シリーズもの」「セットもの」「多冊もの」という三つの種類に分けることができます。

【1】シリーズものは，グループ全体に共通する総合タイトルがあり，個々の図書にも個別タイトルがあって，終期を予定しないで継続中のものをいいます。シリーズものは，グループ全体に内容上の結び付きはないのですが，統一されたデザインが施され外観上のまとまりはあります。総合タイトルには「文庫」「新書」「叢書」「双書」「ブックス」などの名称が用いられます。

【2】セットものは，グループ全体に共通する総合タイトルがあり，個々の図書にも個別タイトルがあって，完結するものをいいます。セットものでは，個々の分冊は特定のテーマを共有して結び付いており，統一されたデザインも施されています。総合タイトルには「全集」「講座」「大系」などの名称が用いられます。「シリーズ」と銘打たれることもあるので要注意です。

【3】多冊ものは，グループ全体に共通する総合タイトルのみで（個々の図書に個別タイトルはなく），完結するものをいいます。分冊刊行されるそれぞれの図書は，巻次によって区別され，順序付けられています（日本目録規則では「多冊もの」の概念は存在せず，単行書と合わせて「単行資料」という用語に含めています）。

　小説の上下巻ものや，個別タイトルのない全集（個人の作品集や百科事典など）が相当します。総合タイトルのみの正編・続編二冊組みは，多冊ものとして扱います。本来が単行書と，刊行予定になかった「続きもの」との組み合わせで，巻次からは完結を読み取れませんが，さらなる続刊物がなければ，そこで終結しているものとみなします。

[注記] 出版形態について，逐次刊行物も含めて整理すると，次のようになります。

	個別タイトル	総合タイトル	刊行状況
単行書	あり	無し	完結
シリーズもの	あり	あり	継続
モノグラフ＝シリーズ	あり	無し	継続
セットもの	あり	あり	完結
多冊もの	無し	あり	完結
逐次刊行物	無し	あり	継続

モノグラフ＝シリーズとは，単行書でありながら，同じ判型とデザインで，同一出版者から継続的に出されている出版物です。とくに，大学出版会や研究調査機関から，意匠を一にしながら「一論文一冊子」形式で刊行される単行書の集まりを指しています。ここから，（「単行書」を意味する）「モノグラフ」という言葉が，「専門的な学術研究書」のことを指し示す場合があります。

　多冊ものについて補足します。「巻」という言葉は図書の区分を表す単位ですが，内容上の区分と物理的な区分という，二通りの意味を含みます。たとえば，「全一巻２分冊」と表現されるように，「巻」が内容上のひとまとまりを意味することがあります。「巻」が内容上の単位のときには，「冊」が形態的な単位となるのです。よって，「多巻もの」という言い方もありますが，物理的に独立した図書の集合体という点を明確にする意味で，本書では「多冊もの」の語を用います。ちなみに，逐次刊行物での「巻」は，ある一定期間の集合的な単位で，「号」が個別での物理的な刊行の単位となります。

9 書誌単位（1）

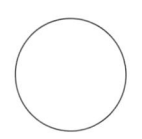

複数冊での出版形態／シリーズものの事例

この例は，「もてない男：恋愛論を超えて」という個別タイトルとともに，「ちくま新書」という総合タイトルもまたもっています。「ちくま新書」を冠した本は，書籍広告にみるように，毎月4点ほどが継続して刊行されており，終期を予定してはいません。

［標題紙］

ちくま新書

もてない男──恋愛論を超えて

小谷野　敦

１８６

［奥付］

ちくま新書
１８６

もてない男──恋愛論を超えて

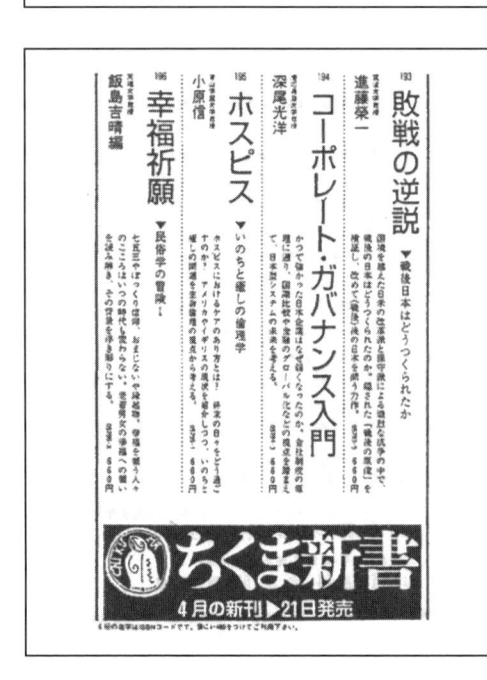

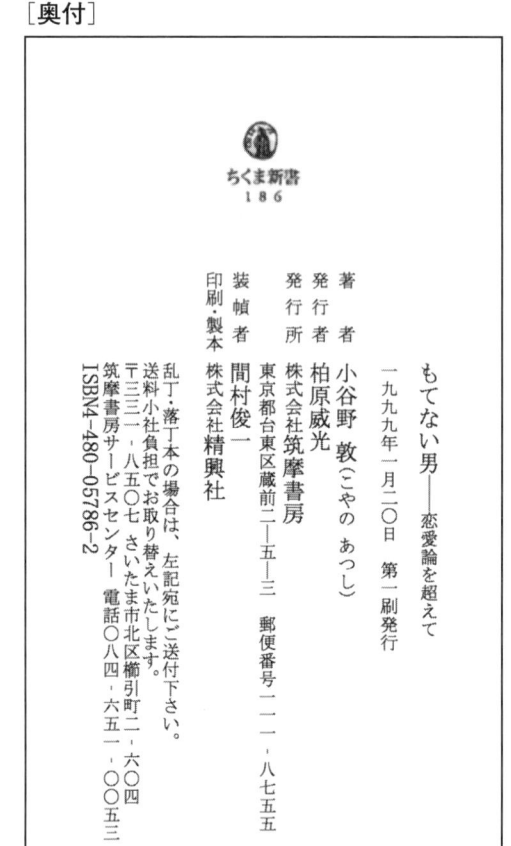

一九九九年一月二〇日　第一刷発行

著者　小谷野　敦（こやの　あつし）
発行者　柏原威光
発行所　株式会社筑摩書房
　　　東京都台東区蔵前二─五─三　郵便番号一一一─八七五五
装幀者　間村俊一
印刷・製本　株式会社精興社

乱丁・落丁本の場合は、左記宛にご送付下さい。
送料小社負担でお取り替えいたします。
〒331-8507　さいたま市北区櫛引町二─六〇四
筑摩書房サービスセンター　電話〇八四─六五一─〇〇五三
ISBN4-480-05786-2

［ちくま新書の書籍広告］

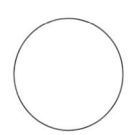

複数冊での出版形態／セットものの事例

この例は，「言語情報処理」という個別タイトルとともに，「岩波講座 言語の科学」という総合タイトルもまたもっているものです。総合タイトルである「岩波講座 言語の科学」を冠した本は，書籍広告にみるように，全11巻で完結します。

[標題紙]

```
    岩 波 講 座
    言語の科学
        9
    言語情報処理


    黒橋禎夫
    佐藤理史
    池原 悟
    中野 洋


       岩波書店
```

[奥付]

```
岩波講座 言語の科学 9  言語情報処理
1999年2月23日  第1刷発行
著 者  黒橋禎夫 佐藤理史 池原悟 中野洋
発行者  大塚信一
発行所  株式会社岩波書店 東京都千代田区一ツ橋2-5-5
組版 ユニバーサル・アカデミー・プレス 印刷 理想社 製本 松岳社
ISBN4-00-010895-X             Printed in Japan
```

[岩波講座 言語の科学の 書籍広告]

```
岩波講座 言語の科学（全11巻）

[編集委員] 大津由紀雄・郡司隆男・田窪行則・長尾 真
          橋田浩一・益岡隆志・松本裕治

       今井邦彦・田窪行則・橋田浩一・郡司隆男
    1  言 語 の 科 学 入 門
       前川喜久雄・窪薗晴夫・本多清志・白井克彦・中川聖一
    2  音           声
       影山太郎・永田昌明・齋藤洋典・徳永健伸
    3  単  語  と  辞  書
       阿部泰明・白井賢一郎・坂原 茂・松本裕治
  ▷ 4  意           味
       仁田義雄・益岡隆志・郡司隆男・金水 敏
    5  文           法
       稲田俊明・中島平三・外池滋生・福井直樹
    6  生  成  文  法
       西山佑司・三藤 博・亀山 恵・片桐恭弘
    7  談  話  と  文  脈
       中川裕志・松本裕治・橋田浩一・John Bateman
    8  言  語  の  数  理
       黒橋禎夫・佐藤理史・池原 悟・中野 洋
    9  言  語  情  報  処  理
       大津由紀雄・今西典子・Yosef Grodzinsky・鶴見美貴子
   10  言 語 の 獲 得 と 喪 失
       西光義弘・乾 敏郎・坂本 勉・岡田伸夫
   11  言 語 科 学 と 関 連 領 域

                           岩波書店刊
                太数字：既刊，▷印：次回配本
```

9 書誌単位（1）

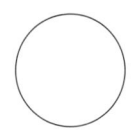

複数冊での出版形態／多冊ものの事例（1/2）

この例は，「永遠の仔」という総合タイトルだけをもっており，上下巻で完結しています。多冊ものでは，個々の分冊の内容上の結び付きが非常に強いのです。というよりも，本来は単行書であるべき内容が分量過多のために分冊刊行されたとも考えることができます。

［標題紙］　　　　　　　　　　　　　　　［奥付］

```
永遠の仔（上）
1999年3月10日　第1刷発行

著　者　天童荒太
発行者　見城　徹

発行所　株式会社 幻冬舎
　　　　東京都渋谷区千駄ヶ谷4-9-7
電話：03(5411)6211(編集)
　　　03(5411)6222(営業)
印刷・製本所：中央製版印刷株式会社

検印廃止

©1999 ARATA TENDO
Printed in Japan
ISBN4-87728-285-8
```

```
永遠の仔（下）
1999年3月10日　第1刷発行

著　者　天童荒太
発行者　見城　徹

発行所　株式会社 幻冬舎
　　　　東京都渋谷区千駄ヶ谷4-9-7
電話：03(5411)6211(編集)
　　　03(5411)6222(営業)
印刷・製本所：中央製版印刷株式会社

検印廃止

©1999 ARATA TENDO
Printed in Japan
ISBN4-87728-286-6
```

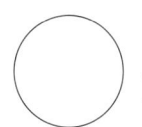

複数冊での出版形態／多冊ものの事例 (2/2)

この例は,「塚本邦雄全集」という総合タイトルだけをもっており,全15巻と別巻1冊で完結しています。個々の分冊についている「短歌」「小説」「評論」などの語句は,固有性をもっていないので個別タイトルとはなりません。セットものと混同しがちですが,個別タイトルをもたず,巻次で順序付けられているところから,多冊ものと判断します。

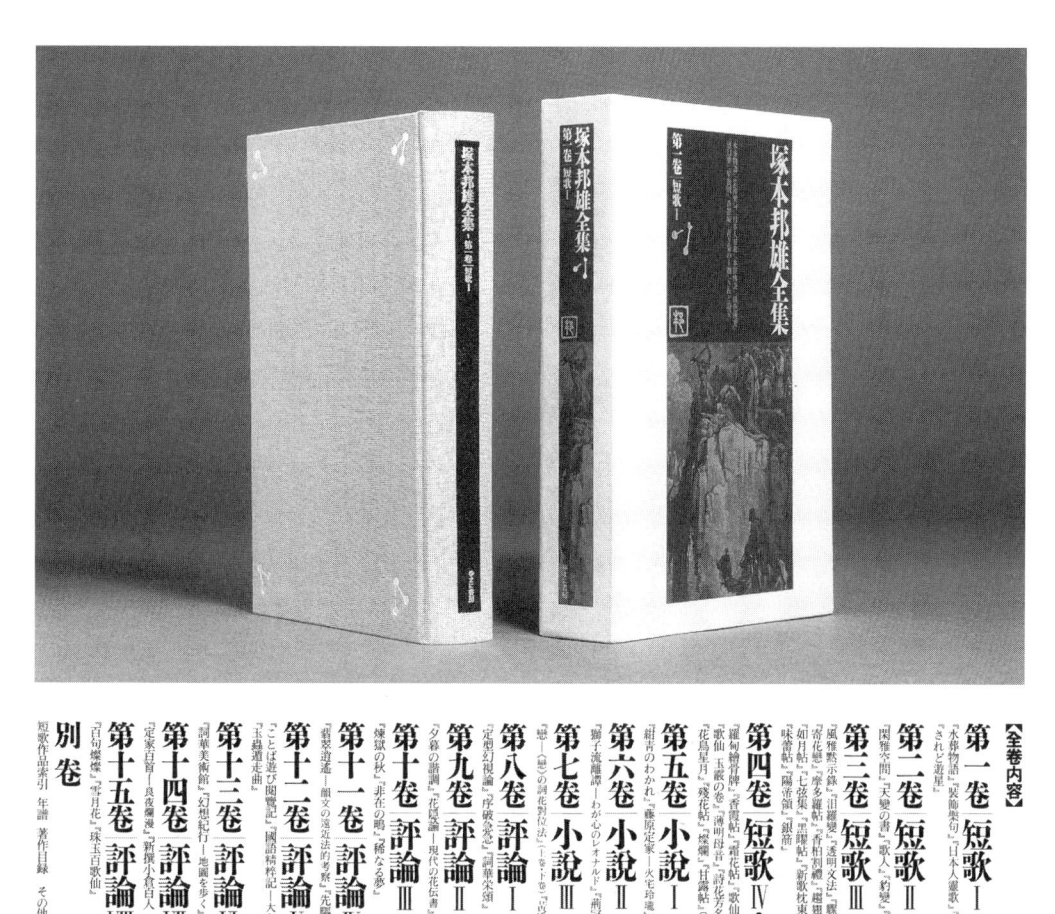

【全巻内容】

第一巻 短歌Ⅰ
『水葬物語』『裝飾樂句』『日本人靈歌』『水銀傳說』『綠色研究』『感幻樂』『可翻譯』『星餐圖』『書き菊の主題』

第二巻 短歌Ⅱ
『閑雅空間』『天變の書』『歌人』『豹變』『詩歌變』『不變律』『波瀾』『黃金律』『魔王』『獻身』

第三巻 短歌Ⅲ
『風雅默示錄』『詛囘羽觴』『驟雨修辭學』『初學歴然』『青帝集』『鋼鐵理髮師』『黃金集』『森羅變』『もとしび』『寄花抄』『香柏裂響』『透明文法』『繚麗群島』『畫唱群島』『風雅默示錄』

第四巻 短歌Ⅳ・俳句・散文詩
『如月帖』『七絃葉集』『翠蘿帖』『新歌枕東西百景』『海の孔雀』『六日遊逡曲』『花にめざめよ』『出埃及記』『味香帖』『瑠窗頌』『銀筺』

第五巻 小説Ⅰ
『羅袗朝曇のわかれ』『藤原定家』『火宅玲瓏』『雨の四君子』

第六巻 小説Ⅱ
『蘿綺斷章帖』『擬伎花帖』『歌仙 夏鴛の巻』『擬花帖』『花劇』『風雅』『玲瓏』『ラテン吟遊』『羅仙 玉歌仙』『薄明の詩子』『詩と花之女房』『華奢帖』『擊歌帖』『柳映交感』『魔笛』『腓絃のための七十句』『青章帖』『花鳥星月』『殘花抄』『擬繼』『甘露帖』『俳句現在』『二流蹲帖』『ハムレット』

第七巻 小説Ⅲ
『惑』『一隱』の評価對比の法に一七句と七上卷『苦行に慧ず』『見ず忍ず』

第八巻 小説Ⅳ
『嫁獄の秋』『非在の嗚・序破急急』『稀なる淚』

第九巻 評論Ⅰ
『花夢幻視論』『花破急論』『葉花頌』
『夕暮の譜』『花隱論』『現代の花伝書』

第十巻 評論Ⅱ

第十一巻 評論Ⅲ
『撰歌逍遙――頌文の遠近法的考察』『完臨的詩歌論』『麒麟騎手』
ことば遊び閲覧記

第十二巻 評論Ⅳ
『玉藻遊走曲』國語精髓記――大和言葉の再發見と漢語の復權のために』『新・祝樂園園』辭典』

第十三巻 評論Ⅴ
『詞華美術館』『幻想紀行――地圖を歩く』『半島――成り剩れるものの悲劇』『花名散策』

第十四巻 評論Ⅵ
『定家百首』『良夜爛漫』『新撰小倉百人一首』『藤原俊成・藤原良經』

第十五巻 評論Ⅶ
『百句燦爛』『雪月花』『珠玉百歌仙』

別巻
短歌作品索引　年譜　著作目録　その他

9 書誌単位（1）

9.3. 記述対象の単位

前節（p 46-47）では，複数冊をかかえる集合的な出版形態として「シリーズもの」「セットもの」「多冊もの」があることをみてきました。いずれも，複数冊に共通に付いている総合タイトルのもとで，個々の分冊を単一のグループに束ねることができるものです。ただし，分冊のそれぞれに個別タイトルがあるのか無いのか，また複数冊が完結するのか継続中なのか，という条件の違いで，三つの形態に細分化されています。

このような出版形態では，どのような集まりをもって1件の書誌記述を生成していくのかを考えなければなりません。このとき，日本目録規則では「書誌単位」という抽象的な考え方を導入したのです。

【1】書誌単位とは，タイトルのもとでまとめられる書誌事項の集まりを，記述の単位とすることです。タイトルがあれば，そのタイトルを先頭にして書誌記述を始めようと考えたのです。「タイトルでまとめる」という書誌単位は，『日本目録規則』1987年版で初めて規定されました。この書誌単位の考え方にしたがうならば，図書は，次のような三つのレベルで記述できることになります。

【1a】集合書誌単位は，複数の図書を集めたグループ全体に共通する総合タイトルがあれば，それを起点とする書誌事項の集合です。総合タイトルを共通項として，グループ全体を1件の書誌記述に集約させてしまうもので，いわば「集合レベルでの書誌単位」です。

【1b】基礎書誌単位は，物理的に独立した単独の図書に個別タイトルがあれば，それを起点とする書誌事項の集合です。いわば「基礎レベルでの書誌単位」です。これまでの単行書の書誌記述は，この基礎書誌単位でなされたと考えることができます。

【1c】構成書誌単位は，包括的な総称のある単独の図書に，複数の作品が収録されているケースにおいて，それらの収録作品タイトルを起点とする書誌事項の集合です。この「構成レベルでの書誌単位」については，第11章（p68）で改めて説明しています。

【2】物理単位は，物理的に独立した単独の図書を，記述の単位とすることです。「図書1点ずつが対象」の物理単位は，かつての『日本目録規則』新版・予備版（1977年刊）で規定されていました。著作内容のまとまりと，その容器としての図書の形態とが，完全に一致しているという前提で発想されたものです。こんにちでも別法として採択されることがあります（基礎書誌単位と物理単位とは，同一レベルでの記述となります）。

9.4. 多冊ものの書誌記述

【1】 多冊もの書誌記述

記述対象の単位に書誌単位を採択したことで，多冊ものは集合書誌単位で記述します。すなわち，総合タイトルでまとめられる複数冊を，あたかも単行書のように記述するのです。

例　［多冊ものの記述例（1）p50の事例を参照］

> 永遠の仔△／△天童荒太著.△—△［初版］
> 東京△：△幻冬舎,△1999
> 2冊△；△30ｃm
> ISBN4-87728-285-8△（上）.△—△ISBN4-87728-286-6△（下）

多冊ものの書誌記述では，注意すべき三つの点があります。第一に，ページ数ではなく冊数を記録すること，第二に，出版年が複数年にまたがる場合には，刊行開始の年と完結の年をハイフンで結んで記録すること，第三に，複数のＩＳＢＮは，識別のための巻次を丸カッコ記号に挟んで末尾に付記し，連結記号でそれぞれを連結して記録することです。

例　［多冊ものの記述例（2）p51の事例を参照］

> 塚本邦雄全集△／△塚本邦雄著.△—△第1版
> 東京△：△ゆまに書房,△1998-2001
> 16冊△；△22ｃm
> ISBN4-89714-534-1△（第1巻）.△—△ISBN4-89714-535-X△（第2巻）.△—△
> ISBN4-89714-536-8△（第3巻）.△—△ISBN4-89714-537-6△（第4巻）.△—△
> ISBN4-89714-538-4△（第5巻）.△—△ISBN4-89714-539-2△（第6巻）.△—△
> ISBN4-89714-540-6△（第7巻）.△—△ISBN4-89714-541-4△（第8巻）.△—△
> ISBN4-89714-542-2△（第9巻）.△—△ISBN4-89714-543-0△（第10巻）.△—△
> ISBN4-89714-544-9△（第11巻）.△—△ISBN4-89714-545-7△（第12巻）.△—△
> ISBN4-89714-546-5△（第13巻）.△—△ISBN4-89714-547-3△（第14巻）.△—△
> ISBN4-89714-548-1△（第15巻）.△—△ISBN4-89714-549-X△（別巻）

［**注記**］物理単位は，正式には「出版物理単位」と称します。出版物理単位（物理単位）にしたがえば，多冊ものは分冊刊行の各巻が記述対象となります。複本の場合には一括して記述対象とし，複本一点ずつの区別は所蔵事項での記述に拠ります。

もしも複本のそれぞれをあえて区別しようとするのならば，まったく同一の書誌記述を複数つくることになります。このような記述の仕方は，「資料物理単位」と呼びます。

9 書誌単位（1）

【2】部編名と巻次（復習，第4章のp19-20も参照）

本タイトルの「本体」に附随しながら，固有性をもたない「部分」であるところの，「部編名」と「巻次」との相違点を確認しておきます。

　部編名は，明白な（音順以外の，直線的な）順序性が無いものでした。部編名の付された各巻は，ランダムに読み漁っても，内容的には何ら支障はありません。「赤・白」「陸・海・空」「東・西・南・北」などや，単独で附随する「付録」「補遺」「索引」などが，部編名です。

　巻次は，明白な順序性を有するものです。巻次は「多冊もの」を順序付け，叙述が連続していることを示し，最初の巻からの通読を求めています。「第1巻・第2巻・第3巻・別巻」「正・続・続々・完結」「上・中・下」「前・後」などが，巻次です。

【3】多冊もので，一部分が欠けたままでの書誌記述

多冊ものは，個々の分冊の内容上の結び付きが非常に強いので全巻受け入れが望ましいものの，何らかの理由で一部分が欠けたままの場合は，やむなく受け入れたもののみで記述を完成させます。それには二つの方法があります。一つは，注記に受け入れ分の書誌事項を記述するもの，もう一つは，受け入れ分の巻次をあえて部編名扱いで記述するものです。

```
永遠の仔△／△天童荒太著
東京△：△幻冬舎
2冊△；△30ｃm
上：△[初版].△―△1999.△―△422ｐ.△―△ISBN4-87728-285-8
```

```
永遠の仔.△上△／△天童荒太著.―△[初版]
東京△：△幻冬舎,△1999
422ｐ△；△30ｃm
ISBN4-87728-285-8
```

【4】年鑑について

年鑑は，年一回の刊行による逐次刊行物で，第XX回，第XX集のような「回次」，20XX年，平成XX年度のような「年次」で順序付けられています。年鑑は，書誌単位の考え方にしたがえば，集合書誌単位で記述するものです。ただし，図書館によっては，別法として物理単位で記述することがあります。この場合，回次や年次は部編名として取り扱います。回次と年次の両方が表示されている場合には，部編名扱いでまず回次を記録し，同格の年次はその後に丸カッコ記号に挟んで付記するかたちをとります。

9 演習問題 書誌単位(1)

問い1 下記は出版物の出版形態を図式化したものである。「シリーズもの」「セットもの」「多冊もの」のそれぞれに，もっとも当てはまると思われるものを指摘せよ。なお，図中で ▬▬▬　■■■　★★★　◆◆◆ は，いずれも固有性をもったタイトルを表し，▲ はそこで完結することを，●●●➡ は完結せずに継続していることを示す。

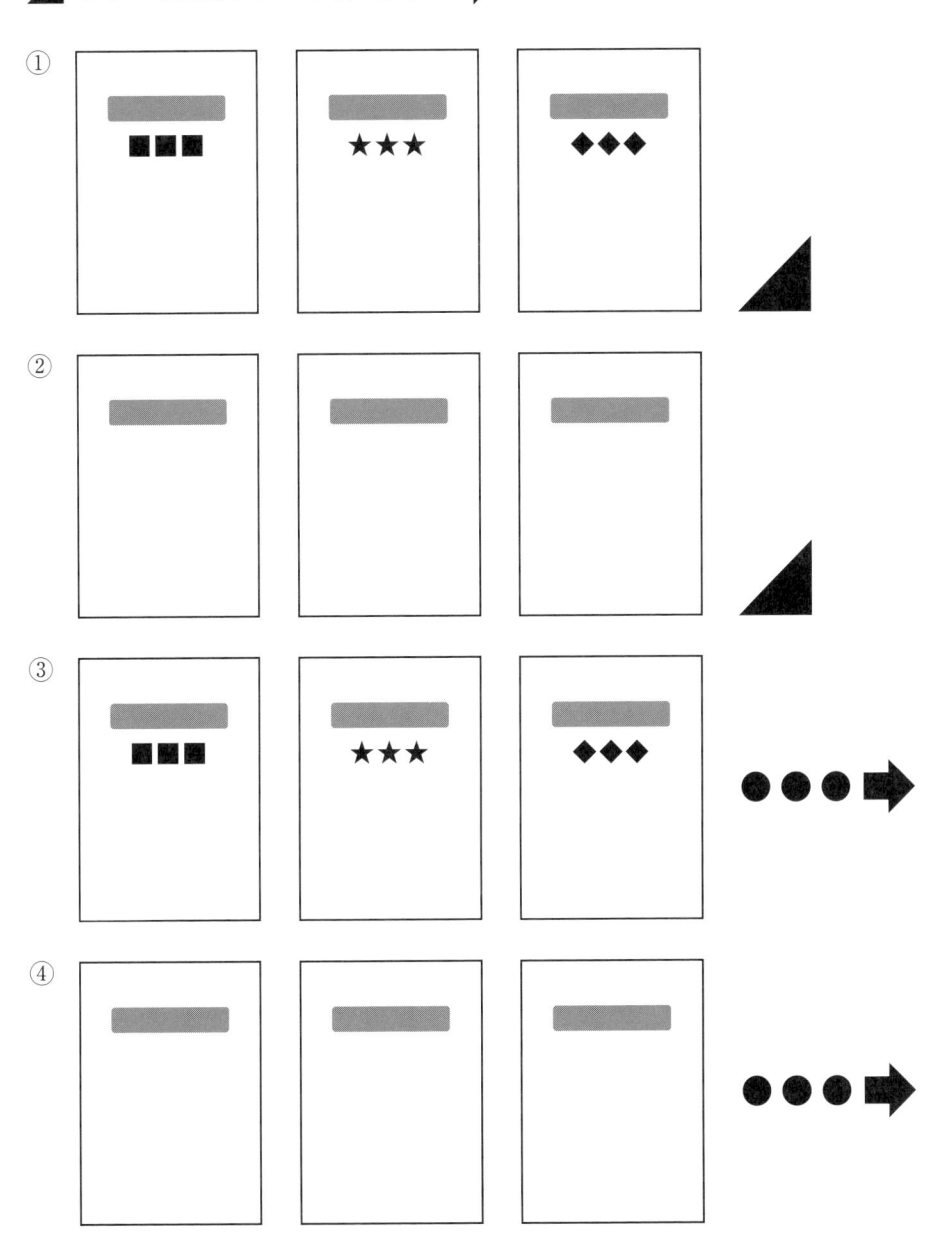

① ▬▬▬/■■■　▬▬▬/★★★　▬▬▬/◆◆◆　▲

② ▬▬▬　▬▬▬　▬▬▬　▲

③ ▬▬▬/■■■　▬▬▬/★★★　▬▬▬/◆◆◆　●●●➡

④ ▬▬▬　▬▬▬　▬▬▬　●●●➡

9 演習問題　書誌単位（1）

問い2 なぞなぞ（1/2）

太郎さんと花子さんは大学の同級生。夏休み明けに二人が図書館で会ったとき，太郎さんはバックパックから本を出して「実は，この夏休みに3冊の本を読んだんだ。これが，その3冊なんだけど，それがね，どれもみんなエキサイティングで，とっても面白かった」とまくし立てたのです。「ふうん，そうなの」と花子さんは興味津々で「そんなに言うんなら，その3冊のなかで，どれが一番面白かったの？」と聞いたのです。

太郎さんはちょっと迷って「強いて言えば，これかな」と3冊のうちの一冊を指差しました。それを聞いた花子さんは「じゃあ，わたしも読んでみようかな」と言って，太郎さんが指差したのとは違う本を手に取ったのです。

どうして花子さんは，3冊のなかで太郎さんが一番面白いと薦めた本を無視して，別な本を手に取ったのでしょう？

問い3 下記資料の書誌事項をNCR1987にしたがって記述せよ。＊多冊もの

[標題紙]

フーコーの振り子
ウンベルト・エーコ/藤村昌昭=訳
上

文藝春秋

[奥付] 516p 20cm

フーコーの振り子 上
一九九三年三月五日第一刷
著者　ウンベルト・エーコ
訳者　藤村昌昭
発行者　松浦伶
発行所　株式会社文藝春秋
東京都千代田区紀尾井町三-二三
電話=〇三-三二六五-一二一一
印刷所　凸版印刷
製本所　大口製本
ISBN4-16-313780-7

フーコーの振り子
ウンベルト・エーコ/藤村昌昭=訳
下

文藝春秋

569p 20cm

フーコーの振り子 下
一九九三年三月五日第一刷
著者　ウンベルト・エーコ
訳者　藤村昌昭
発行者　松浦伶
発行所　株式会社文藝春秋
東京都千代田区紀尾井町三-二三
電話=〇三-三二六五-一二一一
印刷所　凸版印刷
製本所　大口製本
ISBN4-16-313790-4

9 演習問題　書誌単位（1）

問い4　下記資料の書誌事項をＮＣＲ1987にしたがって記述せよ。　＊多冊もの

［標題紙］

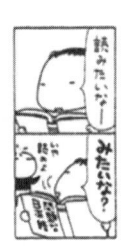

「標準語研究会」編者
北原保雄 編

問題な日本語

大修館書店

［奥付］

問題な日本語（もんだい にほんご）
©Kitahara Yasuo 2004　　　NDC810　168p　19cm

初版第1刷──2004年12月10日
　第4刷──2005年 1月10日

編　者──北原保雄（きたはらやすお）
発行者──鈴木一行
発行所──株式会社大修館書店
　　　　　〒101-8466　東京都千代田区神田錦町3-24
　　　　　電話 03-3295-6231（販売）03-3294-2352（編集）
　　　　　振替 00190-7-40504

印刷・製本──文唱堂印刷株式会社

ISBN4-469-22168-6　　Printed in Japan

「標準語研究会」編者
北原保雄 編

続弾！問題な日本語

大修館書店

続弾！問題な日本語（ぞくだん もんだい にほんご）
©Kitahara Yasuo 2005　　　NDC810　178p　19cm

初版第1刷──2005年11月 3日

編　者──北原保雄（きたはらやすお）
発行者──鈴木一行
発行所──株式会社大修館書店
　　　　　〒101-8466　東京都千代田区神田錦町3-24
　　　　　電話 03-3295-6231（販売）03-3294-2352（編集）
　　　　　振替 00190-7-40504

印刷・製本──文唱堂印刷株式会社

ISBN4-469-22172-4　　Printed in Japan

問い5 下記資料で、いわゆる「多冊もの」は、どれか。

10 書誌単位（２）
シリーズものとセットものの書誌記述，
２層の書誌階層

10.1. 書誌階層

記述対象の単位に書誌単位を採択したことで，シリーズものとセットものは，総合タイトルからも個別タイトルからも書誌事項を記述でき，両者のあいだにはおのずと上位（集合書誌単位）と下位（基礎書誌単位）という２層の階層構造が生まれます。このような階層構造のことを，**書誌階層**（書誌階層構造）といいます。集合・基礎から成る２層の書誌階層では，俗に集合書誌単位を「親書誌」，基礎書誌単位を「子書誌」と呼んでいます。

10.2. シリーズものとセットものの書誌記述

【１】書誌単位の考え方を採択したことで，シリーズものとセットものは，集合書誌単位（親書誌）と基礎書誌単位（子書誌）との双方から記述でき，２層の書誌階層を形成します。

【１a】シリーズものの書誌記述

例 ［シリーズものの記述例，p 48の事例を参照］

集合書誌単位→
```
ちくま新書
東京△：△筑摩書房, △1994-
冊△：△18 c m
```

基礎書誌単位↓
```
もてない男△：△恋愛論を超えて△／△小谷野敦著. △―△ ［初版］
東京△：△筑摩書房, △1999
199 p △；△18 c m. △―△（ちくま新書△；△186）
ISBN4-480-05786-2
```

シリーズものの集合書誌単位において，出版年は完結する年が未定ゆえ，刊行開始の年に続くハイフンの先は空白となっています。資料の数量も「冊」の文字のみです。

【１ｂ】セットものの書誌記述

例　［セットものの記述例，p49の事例を参照］

```
岩波講座言語の科学△／△大津由紀雄△［ほか］△編集委員
東京△：△岩波書店, △1997-1999
11冊△；△23ｃｍ
内容：△1：△言語の科学入門△／△今井邦彦△［ほか］△著.△2：△音声△／△前川喜久雄△［ほか］△著.△3：△単語と辞書△／△影山太郎△［ほか］△著.△4：△意味△／△阿部泰明△［ほか］△著.△5：△文法／仁田義雄△［ほか］△著.△6：△生成文法△／△稲田俊明△［ほか］△著.△7：△談話と文脈△／△西山祐司△［ほか］△著.△8：△言語の数理△／△中川裕志△［ほか］△著.△9：△言語情報処理△／△黒橋禎夫△［ほか］△著.△10：△言語の獲得と喪失△／△大津由紀雄△［ほか］△著.△11：△言語科学と関連領域△／△西光義弘△［ほか］△著
ISBN4-00-010851-7△（１）.△―△ISBN4-00-010852-2△（２）.△―△
ISBN4-00-010853-4△（３）.△―△ISBN4-00-010854-6△（４）.△―△
ISBN4-00-010855-5△（５）.△―△ISBN4-00-010856-0△（６）.△―△
ISBN4-00-010857-3△（７）.△―△ISBN4-00-010858-1△（８）.△―△
ISBN4-00-010859-X△（９）.△―△ISBN4-00-010860-4△（10）.△―△
ISBN4-00-010861-8△（11）
```

集合書誌単位↑
基礎書誌単位↓

```
言語情報処理△／△黒橋禎夫△［ほか］△著.△―△［初版］
東京△：△岩波書店, △1998
16, △219 p△；△23ｃｍ.△―△（岩波講座言語の科学△／△大津由紀雄△［ほか］△編集委員△；△9）
ISBN4-00-010859-X
```

【２】シリーズものとセットものについては，書誌階層を形成するという事実を踏まえたうえで，以下の書誌記述は，**基礎書誌単位を基本形として記述**します。

シリーズものとセットものとを基礎書誌単位で記述する場合，上位の集合書誌単位に含まれる書誌事項は，いずれも**「シリーズに関する事項」**のエリアに記録します。「シリーズに関する事項」は，「形態に関する事項」を連結記号で連結したうえで，丸カッコ記号で挟みます。すなわち，総合タイトルにかかわる書誌事項のことを，日本目録規則では「シリーズに関する事項」と呼んでいるのです。

10 書誌単位（2）

【3】「シリーズに関する事項」に含まれる書誌事項は，以下のとおりです。

【3a】本シリーズ名
グループ全体に共通する総合タイトル，すなわち（日本目録規則の用語でいうところの）本シリーズ名は，丸カッコ記号内の冒頭に記録します。

【3b】並列シリーズ名
本シリーズ名を別言語あるいは別文字で表現している並列シリーズ名は，本シリーズ名に続けて，イコール記号で区切って記録します。並列シリーズ名は，第二水準（標準）では記録しません。

【3c】本シリーズ名関連情報
本シリーズ名の前方・上部あるいは後方・下部に位置する本シリーズ名関連情報は，前方・上部は本シリーズ名に含め，後方・下部はコロン記号で区切って記録します。本シリーズ名関連情報は，第二水準（標準）では記録しません。

【3d】本シリーズに関係する責任表示
本シリーズに関係する責任表示があれば，斜線記号で区切って記録します。

【3e】本シリーズのＩＳＳＮ
本シリーズ名に対しＩＳＳＮが付与されていれば，ピリオド記号で区切って，「ＩＳＳＮ」の文字と8桁の数字をハイフンも含めて記録します。ただし，任意規定です。

　ＩＳＳＮ（International Standard Serial Number，国際標準逐次刊行物番号）は，逐次刊行物（とくに学術雑誌）を識別する国際的なコード体系です。「シリーズもの」においては，複数冊を束ねて継続する総合タイトルの全体にＩＳＳＮが付番され，個別の図書を識別するＩＳＢＮとともに，併記されることがあるのです。

　ちなみに「セットもの」では，集合レベルで完結する総合タイトルに対してＩＳＢＮが割り振られ，基礎レベルでのＩＳＢＮとともに，併記されていることがあります。

【3f】本シリーズ番号
本シリーズ番号があれば，セミコロン記号で区切って記録します。

【3g】下位シリーズの書誌事項
本シリーズより下位にシリーズが存在すれば，ピリオド記号で区切って記録します。下位シリーズの書誌事項については，第12章（p76-78）で改めて説明します。

【4】シリーズものとセットものについて，基礎書誌単位での記述の骨格は，次のとおり。

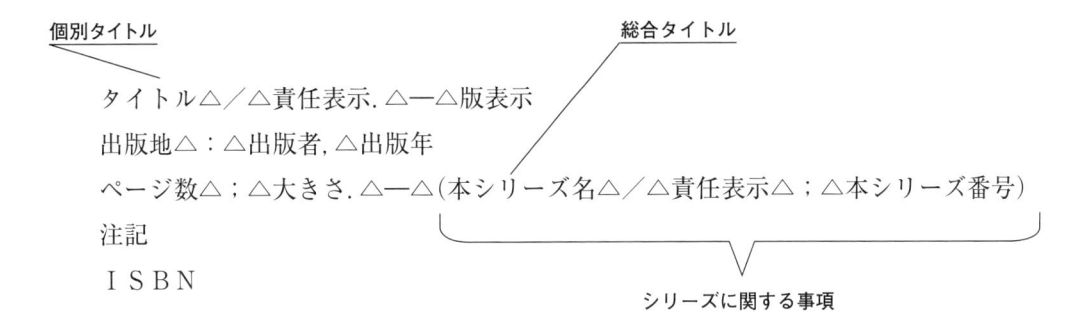

<u>個別タイトル</u>　　　　　　　　　　　　　　　　　<u>総合タイトル</u>

　　タイトル△／△責任表示. △—△版表示
　　出版地△：△出版者, 出版年
　　ページ数△；△大きさ. △—△(本シリーズ名△／△責任表示△；△本シリーズ番号)
　　注記
　　ＩＳＢＮ

　　　　　　　　　　　　　　　　シリーズに関する事項

[**注記**]「シリーズに関する事項」は，改行すると丸カッコ記号が行頭に位置してしまうので，「改行する形式」であっても例外的に改行しません。連結記号を用いて，「形態に関する事項」に連結して記録します。

　セットものにおいて，集合書誌単位を目録の基本形とする記述方法を，カード目録では，「多段階記述様式」と呼びます。この多段階記述様式において，下位の基礎書誌単位に含まれる，個別タイトルとその責任表示は，注記の位置に内容細目として記録します。

■

10 演習問題 書誌単位（2）

問い1 選択肢のなかで適切なものを選び，冒頭のローマ字を○印で囲め．

1．シリーズものには，その総合タイトルに［a．「叢書」や「ＢＯＯＫＳ」，b．「講座」や「大系」］といった名称が付けられている．

2．絵本の『おおきなおいも』と『おおきなおおきなおいも』，書誌単位にしたがえば，書誌記述は［a．1件，b．2件，c．3件］が作成される．

3．終期を予定せずに，一つのタイトルのもとで分冊刊行されるのは［a．図書の出版形態であるシリーズもの，b．雑誌に代表される逐次刊行物］である．

4．医歯薬出版刊行の『薬になる草花』と『続篇 薬になる草花』，書誌単位にしたがえば，書誌記述は［a．1件，b．2件，c．3件］が作成される．

5．セットもので，各巻の主題の総和が総合タイトルにふさわしいものとなっている場合，分類記号は［a．一括分類，b．分散分類］で与えるのが望ましい．

6．図書館員選書の『地域資料入門』と『書誌ユーティリティ』，書誌単位にしたがえば，書誌記述は［a．1件，b．2件，c．3件］が作成される．

7．図書の出版形態で，内容上の結び付きが強いのは［a．多冊ものよりもシリーズもの，b．シリーズものよりも多冊もの］である．

8．伊藤左千夫の小説『野菊の墓 前篇』と『野菊の墓 後篇』，物理単位にしたがえば，書誌記述は［a．1件，b．2件，c．3件］が作成される．

9．図書の継続的な注文方法で，シリーズものやセットものに対し，初回に総合タイトルでオーダーをかけておけば，分冊刊行される個別タイトルの本がそのつど納品される注文方法は，［a．スタンディング＝オーダー，b．ブランケット＝オーダー］．

10．参考図書の『野の草花 合弁花編』と『野の草花 離弁花編』，書誌単位にしたがえば，書誌記述は［a．1件，b．2件，c．3件］が作成される．

問い2 下記資料の書誌事項をＮＣＲ1987にしたがって記述せよ。　＊シリーズもの（収録作品タイトル表示）

［標題紙］

SHOHAKUSHA BOOKS

中 世 英 詩 全 訳
フクロウとナイチンゲール
三 世 代 の 問 答

関本榮一訳

松柏社

［奥付］　xi，154p　21.5cm

SHOHAKUSHA BOOKS 026

中世英詩全訳
フクロウとナイチンゲール／三世代の問答

昭和五十二年五月十五日　初版印刷
昭和五十二年五月二十日　初版発行

訳者　関本　榮一
発行者　森　政一
発行所　株式会社　松柏社
東京都千代田区飯田橋二丁目八番七号
振替　東京〇-七九〇九五番

乱丁・落丁は送料弊社負担にてお取替えいたします。
3098-40037-3088

＊複数の収録作品タイトルが標題紙に並んで表示されているときの記述については，第4章のp22を参照のこと。

10 演習問題　書誌単位（２）

問い3 下記資料の書誌事項をＮＣＲ1987にしたがって記述せよ。　＊セットもの
（収録作品タイトル表示）

［標題紙］

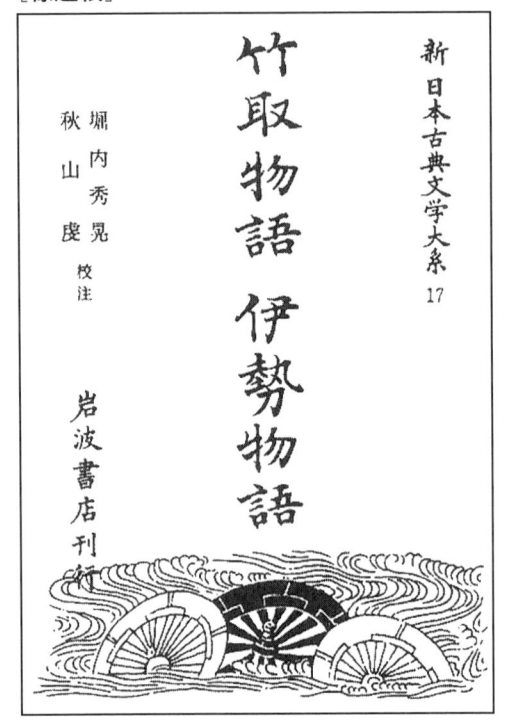

新日本古典文学大系 17

堀内秀晃
秋山虔　校注

竹取物語　伊勢物語

岩波書店刊行

［奥付］　ｘｉｘ，３７５ｐ　２１．５ｃｍ

竹取物語　伊勢物語　　新日本古典文学大系 17

一九九七年一月二八日　第一刷発行

校注者　堀内秀晃（ほりうちひであき）　秋山虔（あきやまけん）
発行者　安江良介
発行所　株式会社 岩波書店
　　　　〒101-02　東京都千代田区一ツ橋二-五-五
電話　案内 03-三三0-0000
© 堀内秀晃・秋山虔 一九九七

Printed in Japan
ISBN4-00-240017-4

新日本古典文学大系　全１００巻・別巻５冊
編集委員
佐竹昭弘，大曾根章介，久保田淳，中野三敏

問い4 下記資料のなかで，いわゆる「多冊もの」をすべて選び，冒頭の数字を○印で囲め。

1

| ママとおぼえる
アルファベット
abcdefg | ママとおぼえる
アルファベット
hijklmn | ママとおぼえる
アルファベット
opqrstu | ママとおぼえる
アルファベット
vwxyz |

2

| すぐに使える
LINE
基本＆便利技
Ａｎｄｒｏｉｄ対応版 | すぐに使える
LINE
基本＆便利技
ｉＰｈｏｎｅ対応版 |

3

| オルレアンの乙女
ジャンヌ・ダルクの
生涯
啓示編 | オルレアンの乙女
ジャンヌ・ダルクの
生涯
怒濤編 | オルレアンの乙女
ジャンヌ・ダルクの
生涯
殉教編 |

11 3層の書誌階層（１）

集合・基礎・構成から成る３層の書誌階層，バランスしない書誌階層

11.1. 3層の書誌階層

【１】第９章で述べたように（p 52），日本目録規則1987年版では「書誌単位」という抽象的な考え方を導入しています。タイトルのもとでまとめられる書誌事項の集まりを，記述の単位としたのです。書誌単位の考え方にしたがうと，総合タイトルのみをもつ多冊ものは，集合書誌単位で記述する運びとなります。

次に第10章で述べたように（p 60），書誌単位の考え方にしたがえば，シリーズものとセットものは総合タイトルと個別タイトルとをもっているので，集合書誌単位と基礎書誌単位との双方で記述でき，「２層の書誌階層」を形づくります。

さて，シリーズものとセットものにおいては，分冊刊行される個別の図書のなかに，複数の作品が収録されていることがあります。標題紙には包括的な総称が表示されており，収録作品の存在は目次を見て初めてわかるのです。そのときには，それらの収録作品タイトルを起点とする書誌事項の集合からも，書誌記述を生成できます。これが「構成書誌単位」です。構成書誌単位は，物理的に独立した実体をもちません。人体を構成する細胞のようなイメージの，構成レベルでの書誌単位です。

<u>構成書誌単位が記述できるとすると，シリーズものとセットものは，集合・基礎・構成という「３層の書誌階層」を形づくることになります。</u>ただし，３層の書誌階層が形成されるとしても，本書では基礎書誌単位での記述を基本形としています。

【２】構成書誌単位の記述

構成書誌単位の記述方法は，まず，①収録作品のタイトルからその責任表示までを記録します。その後に，連結記号で連結して，②一つ上位の基礎書誌単位に含まれる書誌事項を，丸カッコ記号に挟んで記録します。すなわち，タイトルと責任表示に関する事項，版に関する事項，出版・頒布等に関する事項，形態に関する事項を，改行せずに（連結記号で連結する追い込む形式で）記録します。その後にさらに連結記号で連結して，③最上位の集合書誌単位に含まれる書誌事項，すなわちシリーズに関する事項を，再度，丸カッコ記号に挟んで記録するのです。なお，構成書誌単位を目録の基本形とする記述方法を，カード目録では「分出記録」と呼んでいます。

例 『言語の科学　全集』全5巻
（大津由紀雄・郡司隆男・田窪行則・長尾真・橋田浩一・松本広　監修）
岩波書店，2001-2005

第1巻『音声』（影山太郎編著），第2巻『語源』（阿部義男編著），第3巻『辞典』（西光義弘編著），第4巻『語彙』（稲田敏明編著），第5巻『文法』（橋田浩一編著）

| 言語の科学全集　第1巻 | 言語の科学全集　第2巻 | 言語の科学全集　第3巻 | 言語の科学全集　第4巻 | 言語の科学全集　第5巻 |

→ 集合書誌単位

第3巻『辞典』（西光義弘編著）

標題紙
```
言語の科学　全集
　　第3巻
　　辞　典

　　西光義弘編著



　　岩波書店
```

奥付
```
言語の科学全集　第3巻　辞典

　　　第1回配本・全5巻

2001年2月10日　第1刷発行
編著者　西光義弘
発行所　株式会社岩波書店
東京都千代田区一ツ橋2-5-5
ISBN4-00-010859-X
```

→ 基礎書誌単位

目次
```
目次（言語の科学全集　第3巻　辞典）

はじめに…………………………………………　　3
1　単語認知と心的辞典……………西光義弘　 10
2　形態素解析と認知過程…………今西紀子　 30
3　文字結合錯誤……………………白井健一　 50
4　言語処理のための辞典情報……本田清志　 90
5　語義の曖昧性の解消……………影山太郎　120
索引………………………………………………　150
```

→ 構成書誌単位

69

11　3層の書誌階層（1）

（承前）
［3層の書誌階層の記述例］
この事例では，集合・基礎・構成のそれぞれのレベルで，起点となるタイトルを太字で示しています。また，それらのタイトルが一つ上位のレベルでの内容細目にどのようなかたちで記録されているかを，アンダーラインを引くことで示しています。
集合書誌単位↓

言語の科学全集△／△大津由紀雄△［ほか］△監修
東京△：△岩波書店,△2001-2005
5冊△；△23ｃm
内容：△第1巻：△音声△／△影山太郎編著.△第2巻：△語源△／△阿部義男編著.△第3巻：△<u>辞典△／△西光義弘編著</u>.△第4巻：△語彙△／△稲田敏明編著.△第5巻：△文法△／△橋田浩一編著
ISBN4-00-010856-1△（第1巻）.△—△ISBN4-00-010857-3△（第2巻）.△—△
ISBN4-00-010858-X△（第3巻）.△—△ISBN4-00-010859-5△（第4巻）.△—△
ISBN4-00-010860-9△（第5巻）

基礎書誌単位↓

辞典△／△西光義弘編著.△—△［初版］
東京△：△岩波書店,△2001
162ｐ△；△23ｃm.△—△（言語の科学全集△／△大津由紀雄△［ほか］△監修△；△第3巻）
内容：△単語認知と心的辞書△／△西光義弘△［著］.△形態素解析と認知過程△／△今西紀子△［著］.△文字結合錯誤△／△白井健一△［著］.△言語処理のための辞典情報△／△本田清志△［著］.△<u>語義の曖昧性の解消△／△影山太郎△［著］</u>.
ISBN4-00-010858-X

構成書誌単位↓

語義の曖昧性の解消△／△影山太郎△［著］.△—△（辞典△／△西光義弘編著.△—△［初版］.△—△東京△：△岩波書店,△2001.△—△p 120-148.△—△（言語の科学全集△／△大津由紀雄△［ほか］△監修△；△第3巻））

［注記］純然たる単行書に，複数の収録作品が含まれているケースでは，基礎・構成という2層の書誌階層を形づくることになります。

11.2. バランスしない書誌階層

バランスしない書誌階層とは，同じシリーズものやセットものの中の図書でありながら，階層構造が同一のレベルに並ばないことをいいます。最初の事例は，当初「お言葉ですが…」という個別タイトルのみの単行書（1層）だったものが，続編以降に，この「お言葉ですが…」が総合タイトルに格上げとなり別途に個別タイトルが付けられたことで，2層の構造となったもの。

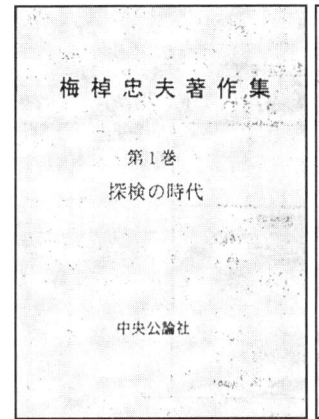

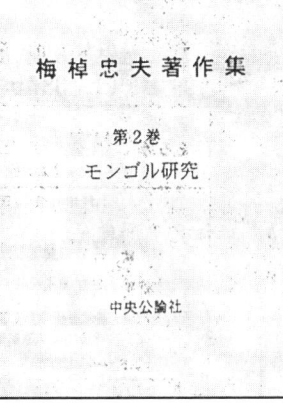

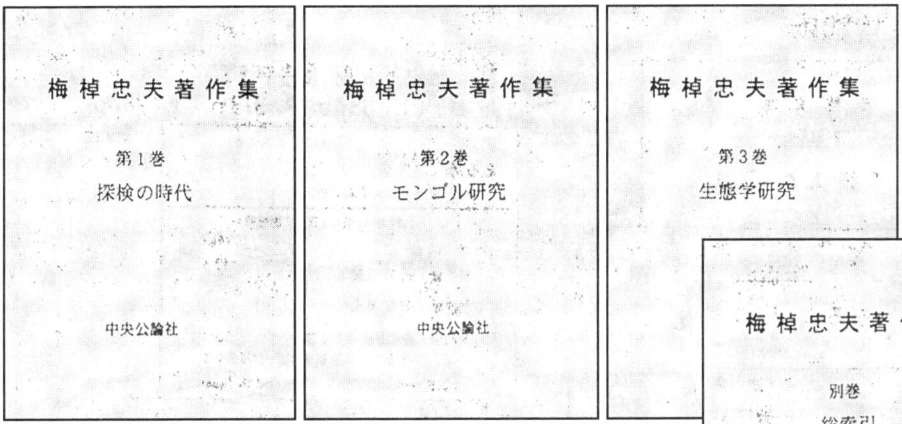

次の事例は，「梅棹忠夫著作集」という総合タイトルのもとで，各巻が「探検の時代」「モンゴル研究」「生態学研究」という個別タイトルをもって2層構造だったものの，別巻だけは「総索引」が固有性のない部編名なので，ここで1層になっているものです。

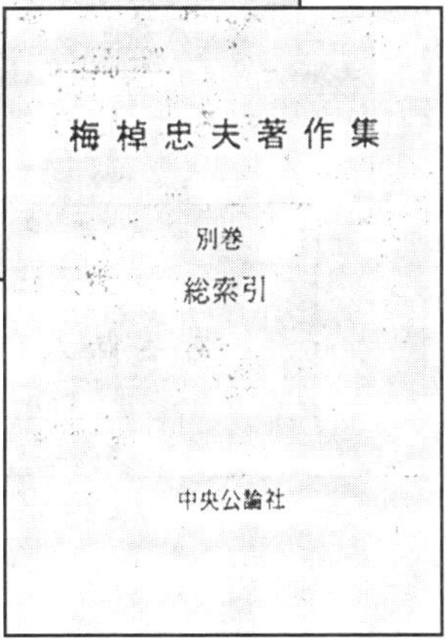

11 演習問題　3層の書誌階層（1）

問い1　下記資料についての適切な考え方をすべて選び，冒頭の数字を○印で囲め。

［標題紙］

```
目でみるガーデニング・第7巻

季節のコンテナガーデン

日比野百合編
田代雄介写真

ガーデンガーデン社
```

［目次］

```
□　目　次　□
1．コンテナガーデンの基礎
　　　──西川友香･･･････01
2．コンテナガーデン春夏秋冬
　　　──田村しのぶ･･･････15
3．コンテナガーデンと家屋
　　　──山本真実子･･･････39
4．英国とコンテナガーデン
　　　──松井典子･･･････63
```

［帯紙］

```
ビギナーからベテランまで！
ガーデニングのすべてが分かる！！
全13巻　2000年3月より順次　刊行中！
```

［奥付］

```
季節のコンテナガーデン
（目でみるガーデニング・第7巻）
2000年6月23日　第1刷発行

編　集　日比野百合
撮　影　田代雄介
発行者　小島やよい
発行所　株式会社ガーデンガーデン社
　　　　東京都北区王子2-5-8
印刷・製本　文明堂株式会社
ISBN4-900963-13-5 C0095　Printed in Japan
```

1　この資料は「シリーズもの」であるがゆえ，基礎レベルの書誌単位で記述するときには，本シリーズ名と本シリーズ番号とを，「シリーズに関する事項」のエリアで記述する。

2　この資料は，構成・基礎・集合という，三つのレベルの物理単位で記述することができ，三層を形づくる。

3　この資料の目次に表示のある，西川友香の「コンテナガーデンの基礎」は，構成レベルの書誌単位として記述する。

4　この資料は，基礎レベルの書誌単位においては「季節のコンテナガーデン」を本タイトルにして記述する。

5　この資料には三つのレベルの書誌単位が存在するが，「目でみるガーデニング」を本タイトルにして，集合レベルの書誌単位で記述できるのは，この資料のみである。

問い2 下記資料の書誌事項をＮＣＲ1987にしたがって記述せよ。＊シリーズものの中の多冊もの

[標題紙]

```
岩 波 文 庫
32-313-5

ある婦人の肖像
　　　（上）

ヘンリー・ジェイムズ作
行 方 昭 夫 訳
```

```
岩 波 文 庫
32-313-6

ある婦人の肖像
　　　（中）

ヘンリー・ジェイムズ作
行 方 昭 夫 訳
```

```
岩 波 文 庫
32-313-7

ある婦人の肖像
　　　（下）

ヘンリー・ジェイムズ作
行 方 昭 夫 訳




岩波書店
```

[奥付] ３８７ｐ　１５ｃｍ

```
ある婦人の肖像（上）〔全3冊〕
　ヘンリー・ジェイムズ作
　　定価はカバーに表示してあります
　　1996年12月16日　第1刷発行

　訳　者　行方昭夫
　発行者　安江良介
　発行所　株式会社　岩波書店
　　　　　〒101-02 東京都千代田区一ツ橋2-5-5
　電　話　案内 03-5210-4000　営業部 03-5210-4111
　　　　　文庫編集部 03-5210-4051
　印刷・三秀舎　カバー・精興社　製本・中永製本

　ISBN4-00-323135-X　　Printed in Japan
```

３７３ｐ　１５ｃｍ

```
ある婦人の肖像（中）〔全3冊〕
　ヘンリー・ジェイムズ作
　　定価はカバーに表示してあります
　　1996年12月16日　第1刷発行

　訳　者　行方昭夫
　発行者　安江良介
　発行所　株式会社　岩波書店
　　　　　〒101-02 東京都千代田区一ツ橋2-5-5
　電　話　案内 03-5210-4000　営業部 03-5210-4111
　　　　　文庫編集部 03-5210-4051
　印刷・三秀舎　カバー・精興社　製本・中永製本

　ISBN4-00-323136-8　　Printed in Japan
```

３８７ｐ　１５ｃｍ

```
ある婦人の肖像（下）〔全3冊〕
　ヘンリー・ジェイムズ作
　　定価はカバーに表示してあります
　　1996年12月16日　第1刷発行

　訳　者　行方昭夫
　発行者　安江良介
　発行所　株式会社　岩波書店
　　　　　〒101-02 東京都千代田区一ツ橋2-5-5
　電　話　案内 03-5210-4000　営業部 03-5210-4111
　　　　　文庫編集部 03-5210-4051
　印刷・三秀舎　カバー・精興社　製本・中永製本

　ISBN4-00-323137-6　　Printed in Japan
```

11 演習問題　3層の書誌階層（1）

問い3　下記資料の書誌事項をＮＣＲ1987にしたがって記述せよ。　＊セットものの中の多冊もの

[標題紙]

日本民俗文化大系　十三
技術と民俗（上）
小学館

日本民俗文化大系　十四
技術と民俗（下）
小学館

[奥付]　６６６ｐ　２３ｃｍ

日本民俗文化大系　十三
技術と民俗（上）
著者──森　浩一
発行者──相賀徹夫
発行所──株式会社　小学館
東京都千代田区一ツ橋二ノ三ノ一
昭和六十年五月十五日　初版第一刷発行

ISBN4-09-373013-X

７１８ｐ　２３ｃｍ

日本民俗文化大系　十四
技術と民俗（下）
著者──森　浩一
発行者──相賀徹夫
発行所──株式会社　小学館
東京都千代田区一ツ橋二ノ三ノ一
昭和六十一年七月三十一日　初版第一刷発行

ISBN4-09-373014-8

日本民俗文化大系
編集委員

谷川　健一
大林　太良
町村　常美
横谷　英雄
高取　正男
網野　善彦

全１５巻＋別巻１冊

問い4 下記資料のなかで，いわゆる「多冊もの」をすべて選び，冒頭の数字を○印で囲め。

1

| 四季の和菓子 春 | 四季の和菓子 夏 | 四季の和菓子 秋 | 四季の和菓子 冬 |

2

| 四季の和菓子 ニッポンのスイーツ | 続 四季の和菓子 ニッポンのスイーツ | 続々 四季の和菓子 ニッポンのスイーツ | 大尾 四季の和菓子 ニッポンのスイーツ |

3

| 四季の和菓子 | 四季の和菓子② 色づきの嬌艶 | 四季の和菓子③ 味わいの競演 | 四季の和菓子④ 姿どりの響宴 |

4

| 四季の和菓子 Ⅰ 心づくしのご挨拶 | 四季の和菓子 Ⅱ この日のおもてなし | 四季の和菓子 Ⅲ 末永き み語らい | 四季の和菓子 別巻 索引 |

5

| 近代の 四季の和菓子 明治 | 近代の 四季の和菓子 大正 | 近代の 四季の和菓子 昭和 | 近代の 四季の和菓子 平成 |

■

12 3層の書誌階層（2）

本シリーズに下位のシリーズが加わった
3層（2＋1）の書誌階層

12.1. 3層（2＋1）の書誌階層

【1】シリーズものとセットもので，大小2系統の総合タイトルが存在することがあります。日本目録規則の用語でいえば，本シリーズより下位にもシリーズが存在しており，集合書誌単位は大小の2層，基礎書誌単位が1層で，計3層（2＋1）の書誌階層となるケースです。

このような3層（2＋1）の書誌階層を基礎レベルの書誌単位で記述するには，「シリーズに関する事項」のエリアにおいて，まず，最上位の集合書誌単位（大）に含まれる書誌事項（本シリーズ名など）を記述し，**ピリオド記号**で区切った後に，下位の集合書誌単位（小）に含まれる書誌事項（下位のシリーズ名など）を記述します。

例

この事例は，「新潮文庫」というシリーズもののなかに，三島由紀夫の小説『豊饒の海』4部作が収録されていることを示しています。『豊饒の海』の各巻は個別タイトルをもっていて，第一巻から順に「春の雪」「奔馬」「暁の寺」「天人五衰」となっています。

このとき，新潮文庫版の『豊饒の海』第一巻「春の雪」を，基礎レベルでの書誌単位で記述しようとしています。大きい総合タイトル（本シリーズ名），小さい総合タイトル（下位のシリーズ名），それに個別タイトル（本タイトル）のそれぞれに該当するものを，下記に示しました。

新潮文庫	新潮文庫	新潮文庫	新潮文庫	新潮文庫
豊饒の海 第一巻	豊饒の海 第二巻	豊饒の海 第三巻	豊饒の海 第四巻	・・・・・・
春の雪	奔馬	暁の寺	天人五衰	

大きい総合タイトル（本シリーズ名） → 　新潮文庫
小さい総合タイトル（下位のシリーズ名） → 　豊饒の海
個別タイトル（本タイトル） → 　春の雪

[標題紙]

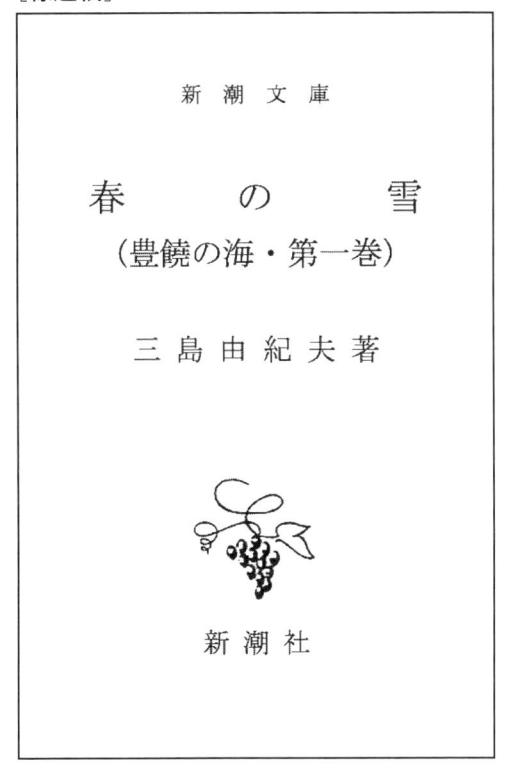

新潮文庫

春 の 雪

（豊饒の海・第一巻）

三島由紀夫著

新潮社

[奥付]　416p　15cm

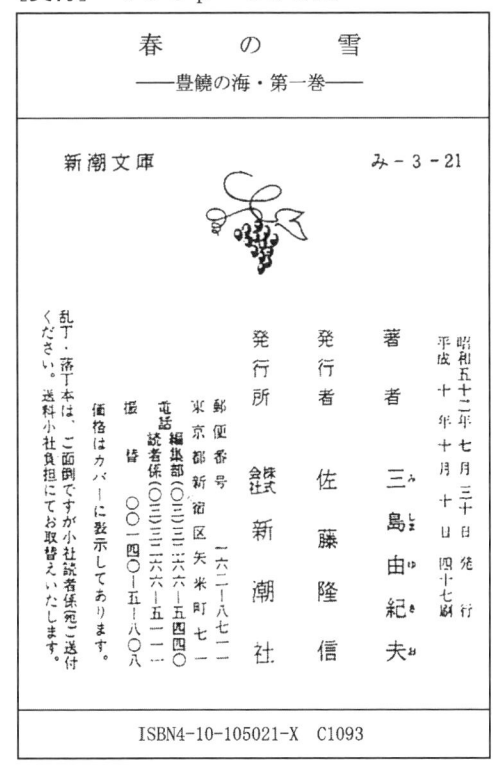

春 の 雪
──豊饒の海・第一巻──

新潮文庫　　　　　　　　　　み-3-21

著者　三島由紀夫
発行者　佐藤隆信
発行所　株式会社　新潮社
　　　　郵便番号　一六二─八七一一
　　　　東京都新宿区矢来町七一
　　　　電話編集部(〇三)三二六六─五四四〇
　　　　　　読者係(〇三)三二六六─五一一一
　　　　振替　〇〇一四〇─五─一八〇八

乱丁・落丁本は、ご面倒ですが小社読者係(宛)ご送付ください。送料小社負担にてお取替いたします。

価格はカバーに表示してあります。

昭和五十二年七月三十日発行
平成十年十月十日四十七刷

ISBN4-10-105021-X　C1093

[3層（2＋1）の書誌階層の記述例]

```
春の雪△／△三島由紀夫著.△─△[初版]
東京△：△新潮社, △1977
416ｐ△：△15ｃm.△─△(新潮文庫△；△み-3-21.△
豊饒の海△／△三島由紀夫著△；△第１巻)
ISBN4-10-105021-X
```

　3層（2＋1）の書誌階層を基礎レベルの書誌単位で記述するには，**個別タイトル**（この場合は「春の雪」）を本タイトルに選択して，記述を始めます。

　基礎レベルの書誌単位で，丸カッコ記号の内の「シリーズに関する事項」のエリアでは，まず，**大きい総合タイトル**（この場合は「新潮文庫」）を本シリーズ名に選択し，斜線記号で区切って本シリーズに関係する責任表示（この場合は「新潮文庫」に関係する責任表示は無い）と，セミコロン記号で区切って本シリーズ番号とを記録します。そして，いったんピリオド記号で止めるのです。

　次に，**小さい総合タイトル**（この場合は「豊饒の海」）を下位のシリーズ名に選択し，続けて下位のシリーズに関係する責任表示と下位のシリーズ番号とを記録します。

12　3層の書誌階層（2）

【2】3層（2+1）の書誌階層について，基礎書誌単位での記述の骨格は，次のとおり。

個別タイトル　　　　　　　　　　　　大きい総合タイトル

　　　タイトル△／△責任表示.△—△版表示
　　　出版地△：△出版者,△出版年
　　　ページ数△；△大きさ.△—△(本シリーズ名△／△責任表示△；△本シリーズ番号.△
　　　下位のシリーズ名△／△責任表示△；△下位のシリーズ番号)
　　　注記
　　　ＩＳＢＮ　　　小さい総合タイトル

12 演習問題　3層の書誌階層（2）

問い1 選択肢のなかで適切なものを選び，冒頭のローマ字を○印で囲め。

1．標題紙にタイトルの表示が「世界で一番の花束」とあれば，小文字の部分は［a．タイトル関連事項，b．タイトル先行事項］という書誌事項。
2．作家・浅田次郎の短編作品集『鉄道員（ぽっぽや）』，書誌事項を記述するときに本タイトルの項では［a．鉄道員〔てつどういん〕，b．鉄道員〔ぽっぽや〕］と記録する。
3．奥付に「発売元：株式会社 紀伊國屋書店，発行所：株式会社 毎日新聞社」とあれば，株式会社 紀伊國屋書店は［a．出版者，b．頒布者］である。
4．3冊のセットもの，書誌単位にしたがえば，［a．1件，b．3件，c．4件］の書誌記述が作成される。
5．原本の装訂や本文の文字組みなどを忠実に模して再現した 復刻版（覆刻版）の図書，記述するのは［a．原本の書誌事項，b．復刻版の書誌事項］である。
6．瀬戸内寂聴の俗名は瀬戸内晴美だが，出家前で「瀬戸内晴美」と表示されているデビュー作の責任表示は［a．当時の「瀬戸内晴美」，b．後日の「瀬戸内寂聴」］と記録。
7．標題紙ウラに，その資料じたいの書誌記述をあらかじめ印刷しておいて出版することは［a．ＣＩＰ，b．ＣＰＵ］という。
8．丸善株式会社が編纂し，みずから発行した自社の五十年史，書誌記述における責任表示は［a．丸善編纂，b．丸善株式会社編纂］と記録する。
9．書誌記述の大きさの項は，図書の外形の高さをセンチメートルの単位で実測し，端数は［a．切り捨て，b．四捨五入，c．切り上げ］の処理をして記録する。
10．主たる情報源は4箇所あるが，優先順位は［a．①標題紙 ②奥付 ③背表紙 ④オモテ表紙，b．①標題紙 ②奥付 ③オモテ表紙 ④背表紙］の順である。
11．本の売れ行き好調により，部数を追加で印刷することは［a．再版，b．重版］といい，増刷（ぞうさつ，ましずり）と同義である。
12．ＩＳＢＮに，分類コードと価格コードを加えて再編成した 日本のローカル＝コードのことは［a．日本図書コード，b．日本出版コード］という。
13．愛知医科大学の住所は 愛知県 愛知郡 長久手町 大字岩作 字雁又２１ だが，その大学出版物の書誌記述で，出版地は［a．愛知郡（愛知県），b．長久手町（愛知県）］。
14．書誌記述を標準化し共有しようという考え方は［a．典拠コントロール，b．書誌コントロール］といい，第二次世界大戦直後のアメリカで生まれた。
15．3冊の多冊もの，物理単位にしたがえば，［a．1件，b．3件，c．4件］の書誌記述が作成される。

12 演習問題　3層の書誌階層（2）

問い2 下記資料の書誌事項をＮＣＲ1987にしたがって記述せよ。　＊シリーズもので3層（2+1）の書誌階層

［標題紙］

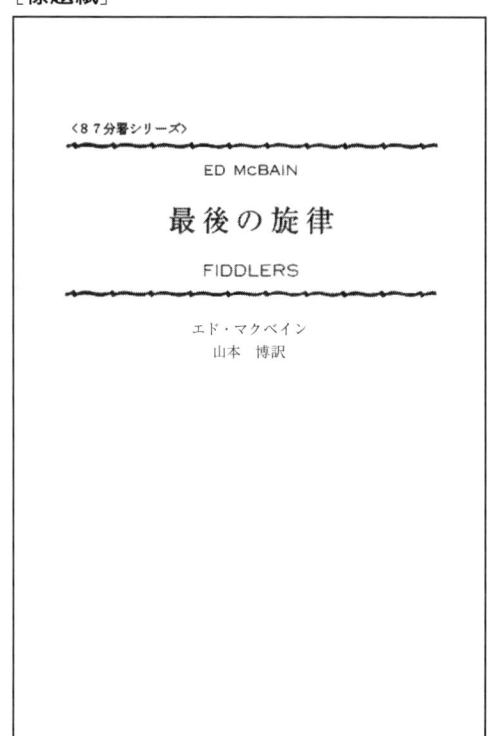

〈87分署シリーズ〉

ED McBAIN

最後の旋律

FIDDLERS

エド・マクベイン
山本　博訳

［奥付］　243p　18.4cm

HAYAKAWA POCKET MYSTERY BOOKS No. 1787

山本　博
やまもと　ひろし
1931年生　早稲田大学大学院法律科修了
弁護士・著述業
著書
『日本のワイン』『ワインの女王』

検印
廃止

〔最後の旋律〕
さいご　せんりつ

2006年5月20日印刷　2006年5月31日発行
著　者　エド・マクベイン
訳　者　山　本　　博
発行者　早　川　　浩
印刷所　星野精版印刷株式会社
表紙印刷　大平舎美術印刷
製本所　株式会社川島製本所

発行所　株式会社 早川書房
東京都千代田区神田多町2／2
電話　03-3252-3111（大代表）
振替　00160-3-47799
http://www.hayakawa-online.co.jp

ISBN4-15-001787-5 C0297
Printed and bound in Japan

＊本書の原書は2005年9月に刊行，87分署シリーズの56作目。同年7月の著者死去によりシリーズ最終作となる。
87分署シリーズの訳出は，山本博のほか，井上一夫・加島祥造・高橋泰邦らが担当した。

問い3 下記資料の書誌事項をNCR1987にしたがって記述せよ。　＊セットもので3層（2+1）の書誌階層

［標題紙］

```
プルースト全集
10
失われた時を求めて
第七篇
見出された時
井上究一郎訳

筑摩書房
```

［奥付］　537p　21.5cm

```
プルースト全集10
失われた時を求めて
第七篇　見出された時
一九八九年六月三十日初版第一刷発行

訳　者　井上究一郎
発行者　関根栄郷
発行所　株式会社筑摩書房
　　　　東京都千代田区神田小川町二-八
　　　　電話（〇三）二九一-七六五一（営業）
　　　　　　　　　　二九四-六七一一（編集）
　　　　郵便番号　一〇一-九一
　　　　振替　東京六-四一二三
印刷　株式会社精興社
製本　株式会社鈴木製本所
ISBN 4-480-78710-0 C0397
```

＊プルースト（Marcel Proust, 1871-1922）は，フランスの作家。筑摩書房から刊行の『プルースト全集』は，全18巻＋別巻1冊（全19冊）の構成。長編小説「失われた時を求めて」は，全7篇の構成だが，井上究一郎がすべてを訳出している。それ以外の作品は，井上究一郎のほか，岩崎力・出口裕弘・鈴木道彦・保苅瑞穂も訳者となっている。ちなみに，長編小説「失われた時を求めて」の構成は，次のとおり。第一篇「スワン家の方へ」，第二篇「花咲く乙女たちのかげに」，第三篇「ゲルマントのほう」，第四篇「ソドムとゴモラ」，第五篇「囚われの女」，第六篇「逃げ去る女」，そして第七篇が「見出された時」である。

12 演習問題　3層の書誌階層（2）

問い4　下記は，『昭和の記憶』（全18巻）のなかの，第5巻から第8巻までの標題紙を示したものである。これらについて基礎書誌単位での「タイトル」と「シリーズに関する事項」とを記述せよ。なお，「シリーズに関する事項」は丸カッコ記号で前後をくくり，複数冊をまとめて一つの書誌記述とする場合には，波カッコ記号を用いて連結させて示せ。

```
┌─────────────────┐
│   昭和の記憶 5    │
│                 │
│   日中間の摩擦    │
│                 │
│                 │
└─────────────────┘

┌─────────────────┐
│   昭和の記憶 6    │
│                 │
│    太平洋戦争     │
│        1        │
│                 │
└─────────────────┘

┌─────────────────┐
│   昭和の記憶 7    │
│                 │
│    太平洋戦争     │
│        2        │
│                 │
└─────────────────┘

┌─────────────────┐
│   昭和の記憶 8    │
│                 │
│    太平洋戦争     │
│        3        │
│     廃墟と占領    │
└─────────────────┘
```

13 書誌単位に関する総合演習問題

問い1 選択肢のなかで適切なものを選び，冒頭のローマ字を○印で囲め。

1．三つのレベルの書誌記述のうち，国際的な書誌情報の交換に，充分に対応可能なのは［a．第一水準，b．第二水準，c．第三水準］である。
2．戦前の出版物，情報源に本タイトルが「國體之本義」と表示されていれば，こんにちの書誌記述は［a．國體之本義，b．国体の本義］と記録する。
3．日本目録規則で，別法の規定は［a．本則のオプション，b．本則との二者択一］。
4．奥付に「1980年 第1版 発行 ／ 1981年 第2版 発行 ／ 1982年 第3刷 発行」とあれば，書誌事項の出版年は［a．1980，b．1981，c．1982］と記録する。
5．終期を予定せずに，一つのタイトルのもとで，号を追って分冊刊行される出版物は，［a．図書のシリーズもの，b．図書の多冊もの，c．逐次刊行物］である。
6．複数の図書館の所蔵状況を調べるには［a．総合目録，b．蔵書目録］にあたる。
7．［a．NACSIS，b．OCLC］は米オハイオ州の図書館ネットワークから始まり，現在ではWorldCatなどを提供する，世界的規模の図書館サービス機関。
8．『魅惑の宝石 真珠編』と『魅惑の宝石 翡翠編』，書誌単位の考え方にしたがうならば，書誌記述は［a．1件，b．2件，c．3件］が作成される。
9．情報源に「失楽園 Paradise Lost」とあれば，本タイトルは［a．失楽園，b．失楽園：Paradise lost］と記録する。
10．共著者の氏名，標題紙には左から右へ縦組みで，橘太郎，橘次郎，橘三郎とあれば，責任表示は［a．橘太郎 ［ほか］ 共著，b．橘三郎 ［ほか］ 共著］と記録する。
11．丸善株式会社が編纂し，みずから発行した自社の五十年史，書誌記述における出版者の項では［a．丸善，b．丸善株式会社］と記録する。
12．原書第2版を底本に本邦初訳すれば，翻訳書の版表示は［a．第2版，b．初版］。
13．新潟県十日町市役所は，新潟県 十日町市 千歳町三丁目3番地に所在するが，そこが刊行した市政三十年史，書誌事項の出版地は［a．十日町市 （新潟県），b．十日町 （新潟県），c．千歳町 （新潟県）］と記録する。
14．本タイトルの表示，標題紙「あゆ釣り」，奥付「アユ釣り」，背表紙「アユ釣り」，オモテ表紙「あゆ釣り」ならば，書誌記述は［a．あゆ釣り，b．アユ釣り］とする。
15．村上春樹の小説『風の歌を聴け』，単行本で1冊，文庫本でも1冊受け入れたとき，書誌単位にしたがえば，書誌記述は［a．1件，b．2件，c．3件］が作成される。

13 書誌単位に関する総合演習問題

問い2 下記資料の書誌事項をNCR1987にしたがって記述せよ。　＊セットもの（収録作品タイトル表示）

［標題紙］

日本武道全集　第五巻　　教育社

五輪書　宮本武蔵 著

啓発録　橋本左内 著

大河内昭爾 訳

日本武道全集（全八巻）編集委員
柳生忠久，大河内昭爾，鏑木紘弼

［奥付］　２２７ｐ　２５.９ｃｍ

昭和57年11月20日　第1刷発行
昭和59年12月10日　第4刷発行

日本武道全集　第五巻

五輪書（ごりんのしょ）・啓発録（けいはつろく）

訳　者　大河内　昭爾
発行人　高森　圭介
発行所　株式会社 教育社
　　　　〒189 東京都東村山市本町1-20-20
　　　　小高ビル　電話　(042)39-3541（代）
発売元　教育社出版サービス株式会社
　　　　〒102 東京都千代田区富士見町2-11-10
　　　　丸十ビル　電話　(03)264-5477（代）
印刷所　大日本法令印刷株式会社
　　　　ISBN4-8169-1410-2

問い3 下記資料の書誌事項をＮＣＲ1987にしたがって記述せよ。　＊シリーズもので3層（2+1）の書誌階層

[標題紙]

ゆまに書房　書誌書目シリーズ㉚

未完史料による日本出版文化　第一巻

出版の起源と京都の本屋

彌吉（やよし）光長（みつなが）著

[奥付]　ⅹⅳ，５２７ｐ　２１．６ｃｍ

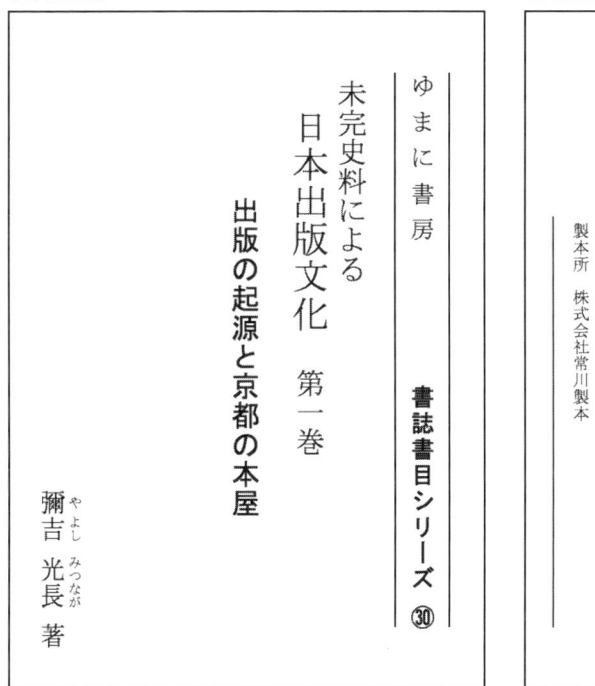

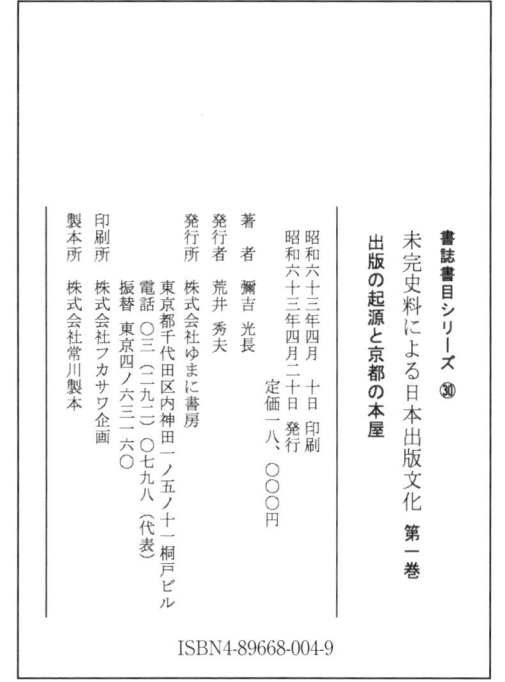

書誌書目シリーズ㉚
未完史料による日本出版文化　第一巻
出版の起源と京都の本屋

昭和六十三年四月　十日　印刷
昭和六十三年四月二十日　発行
定価一八，〇〇〇円

著者　彌吉　光長
発行者　荒井　秀夫
発行所　株式会社ゆまに書房
東京都千代田区内神田一ノ五ノ十一桐戸ビル
電話　〇三（二九二）〇七九八（代表）
振替　東京四ノ六三二六〇
印刷所　株式会社フカサワ企画
製本所　株式会社常川製本

ISBN4-89668-004-9

＊彌吉光長（1900-1996）は，戦前から戦後にかけての図書館界の第一人者。その人が史料に没入して四十五年，長年の研究を闡明（せんめい）するのが『未完史料による日本出版文化』。全八巻の内訳は，第一巻「出版の起源と京都の本屋」，第二巻「大坂の本屋と唐本の輸入」，第三巻「江戸町奉行と本屋仲間」，第四巻「江戸出版史：文芸社会学的結論」，第五巻「近代出版文化」，第六巻「近代文芸社会学」，第七巻「京都出版史料補遺」，第八巻「幕末明治出版史料」となっている。この『未完史料による日本出版文化』が，ゆまに書房の「書誌書目シリーズ」のなかで刊行されたもので，その第一巻「出版の起源と京都の本屋」が提示されている。

13 書誌単位に関する総合演習問題

問い4 下記資料の書誌事項をＮＣＲ1987にしたがって記述せよ。　＊セットものの中の多冊もの

[標題紙]

```
モダン・エコノミックス　1
ミクロ経済学 I
　奥野正寛
　鈴村興太郎




岩波書店
```

```
モダン・エコノミックス　2
ミクロ経済学 II
　奥野正寛
　鈴村興太郎




岩波書店
```

[奥付]　ｘｖｉ，３０８ｐ　２１．９ｃｍ

```
モダン・エコノミックス　1
ミクロ経済学 I
1985年1月24日　第1刷発行

著　者　奥野正寛　鈴村興太郎
発行者　緑川　亨
発行所　株式会社 岩波書店
　　〒101 東京都千代田区一ツ橋2-5-5
　　電話　03-265-4111(代)
印刷所　精興社
製本所　田中製本
ISBN4-00-004321-8
　　　　Printed in Japan
```

ｘｉｘ，４３７ｐ　２１．９ｃｍ

```
モダン・エコノミックス　2
ミクロ経済学 II
1988年12月5日　第1刷発行

著　者　奥野正寛　鈴村興太郎
発行者　緑川　亨
発行所　株式会社 岩波書店
　　〒101 東京都千代田区一ツ橋2-5-5
　　電話　03-265-4111(代)
印刷所　精興社
製本所　田中製本
ISBN4-00-004322-6
　　　　Printed in Japan
```

モダン・エコノミックス　全10巻
1 ミクロ経済学 I，2 ミクロ経済学 II，
3 マクロ経済学 I，4 マクロ経済学 II，
5 企業の経済学，6 労働経済学，7 農業経済学，
8 国際貿易，9 国際金融，10 経済思想
<編集委員> 青木昌彦，島田晴雄，野口悠紀雄，浜田宏一

問い5 下記資料の書誌事項をNCR1987にしたがって記述せよ。　＊セットもので3層（2+1）の書誌階層

[標題紙]

日本民俗文化大系　十三
技術と民俗（上）
海と山の生活技術誌
小学館

日本民俗文化大系　十四
技術と民俗（下）
都市・町・村の生活技術誌
小学館

[奥付]　666p　23cm

日本民俗文化大系　十三
技術と民俗（上）
海と山の生活技術誌
著者――森　浩一
発行者――相賀徹夫
発行所――株式会社　小学館
東京都千代田区一ツ橋二ノ三ノ一
昭和六十年五月十五日　初版第一刷発行

ISBN4-09-373013-X

718p　23cm

日本民俗文化大系　十四
技術と民俗（下）
都市・町・村の生活技術誌
著者――森　浩一
発行者――相賀徹夫
発行所――株式会社　小学館
東京都千代田区一ツ橋二ノ三ノ一
昭和六十一年七月三十一日　初版第一刷発行

ISBN4-09-373014-8

日本民俗文化大系
編集委員

網野　善彦
高取　正男
横谷　英雄
町村　太美
大林　太良
谷川　健一

全15巻+別巻1冊

13 書誌単位に関する総合演習問題

問い6 なぞなぞ (2/2)

　太郎さんと花子さんは大学の同級生。夏休み明けに図書館で会ったとき，二人は四年生になっていました。太郎さんが「大学では一生懸命に本を読もうと決めたんだ。決心したのが一年生の夏休みで，それから今日まで実質三年間，数えてみたら３０冊の本をこつこつ読んだんだ」とまくし立てたのです。３０冊といえば，書架のおよそひと棚分。「実はここに持ってきてる」とショッピングカートを開いてみせると，花子さんは興味津々で「わたしもどれか一冊読んでみようかな。まるごと貸してくれる」と言いました。そんな会話をしたのが金曜日の午後でした。

　週明けの月曜日。太郎さんはショッピングカートを引いて歩いてくる花子さんにキャンパスで会いました。花子さんは「どれもこれもみんな面白かったから，金曜の夜から今日の朝まで，実質三日間でぜんぶ読んじゃったわ」と言いました。太郎さんは「えっ，３０冊だよ。ボクは三年かかったのに」と驚きました。

　どうして太郎さんが三年もかかった３０冊を，花子さんは実質三日ですべて読めたのでしょう？（あるいは，どうして花子さんが実質三日で読むことができた３０冊に，太郎さんは三年間もの時間が必要だったのでしょう？）

■

14 目録法に関する総合演習問題

問い1 空欄に当てはまる，もっとも適切な語句（あるいは数字）を記入せよ。

1。アントナン＝アルトー著，多田智満子訳『ヘリオガバルス または戴冠せるアナーキスト』で，「または」に続く2番目のタイトルは［　　　　　　　　　　］という書誌事項。

2。［　　　　　　　　　］とは，書誌情報を安定して提供する公益的な事業体のこと。

3。森永製菓株式会社が編纂・発行した自社の百年史『はばたくエンゼル，一世紀』，責任表示の記述は［　　　　　　　　　　　　　］編纂とする。

4。奥付に「昭和62年 初版第1刷発行 ／ 平成元年 改訂版発行 ／ 平成2年 第2刷発行」とあれば，書誌事項の出版年は［　　　　　　］と記録する。

5。目録の見出し項目のことを，カード目録では［　　　　　］，コンピュータ目録ではアクセス＝ポイントと呼ぶ。

6。国際的な標準番号，現行のＩＳＢＮは13桁，ＩＳＳＮは［　　　　］桁。

7。著者名の表示，標題紙に「澁澤龍彥」，奥付に「渋沢竜彦」，背表紙に「渋沢竜彦」で，オモテ表紙には表示がなければ，責任表示の記述は［　　　　　　　　　］［著］。

8。終期を予定せずに，一つのタイトルのもとで，号を追って分冊刊行される出版物のことは［　　　　　　　　　］という。

9。複数の図書館の所蔵状況を調べるには［　　　　　　　　］にあたり，単館での場合は蔵書目録をひく。

10。米オハイオ州の図書館ネットワークから始まった［　　　　　　　］（ローマ字）は，当初から分担目録作業を実現させ，現在では世界的な規模の図書館サービス機関。

11。［　　　　　］とは，同一出版者が，同一の印刷用原版を用いて印刷した1回分のコピーのことで，書誌記述には記録しない。

12。千葉県四街道市役所は，千葉県 四街道市 鹿渡 無番地 に所在するが，そこが刊行した市勢要覧，書誌事項の出版地は［　　　　　　　　　　　］と記録する。

13。標題紙に「堀米先生退官記念論文集　いらくさ」と表示されているとき，タイトルの記述は［　　　　　　　　　　　　　　］と記録する。

14。標題紙ウラに，その資料じたいの書誌記述をあらかじめ印刷しておいて出版することは［　　　　　　］（ローマ字）という。

15。［　　　　　　］とは，注記において，収録作品のタイトル または収録作品のタイトルとその責任表示を記録したものをいう。

14 目録法に関する総合演習問題

問い2 ❶ 図書①は，2010年2月に初版が刊行され，某図書館で書誌記述①が作成された。

［図書①］ 95p 26cm

＞ 体脂肪計タニタの社員食堂
　500calのまんぷく定食
　　タニタ 著

　　大和書房

ISBN978-4-479-92025-0（↑）
ISBN978-4-479-92032-8（→）

❸ この図書館が図書②を受け入れたならば，書誌記述①は変更をこうむることになる。いかに改変すればいいか，記述せよ。
　また，新規受入の図書②についても，書誌記述を作成せよ。

［書誌記述①］

体脂肪計タニタの社員食堂 ： 500calの
まんぷく定食 ／ タニタ著. ― 初版
東京 ： 大和書房，2010
95p ； 26cm
ISBN978-4-479-92025-0

❷ 図書①の売り上げ好調を受け，続編として，下記の図書②が2010年11月初版で発行された。

［図書②］ 95p 26cm

＞ 続
　体脂肪計タニタの社員食堂
　もっとおいしい500calのまんぷく定食
　　タニタ 著

　　大和書房

問い3 ❶ 図書①は2006年4月に初版が刊行されたもので,「STEP Series 内科」というシリーズの6巻目だった。この図書を某図書館が受け入れて,書誌記述①が作成された。

［図書①］414p　26cm

［書誌記述①］

```
消化器・膠原病　／　溝上裕士, 成島勝彦
監修. ― 初版
東京　：　海馬書房,　2006
414p　：　26cm. ― （Step series 内科　：
6）
英語のタイトル：　Gastroenterology,
collagen disease
ISBN978-4-907704-41-4
```

ISBN978-4-907704-41-4（↑）
ISBN978-4-907704-64-3（→）

❷ その後に,下記の図書②が2009年10月初版で発行された。

［図書②］383p　26cm

❸ この図書館が図書②を受け入れたならば,書誌記述①は変更をこうむることになる。いかに改変すればいいか,記述せよ。

また,新規受入の図書②についても,書誌記述を作成せよ。

14 目録法に関する総合演習問題

問い4 ❶ 下記の三冊の資料について書誌事項を記述するときに，NCR1987にしたがった判断のものを選ぶとすれば，どれか。また，選んだ理由についても述べよ。

```
磁力と重力の発見

古代・中世
山本義隆



みすず書房
```

```
磁力と重力の発見

ルネサンス
山本義隆



みすず書房
```

```
磁力と重力の発見

近代の始まり
山本義隆



みすず書房
```

1
```
古代・中世　／　山本義隆　［著］．— ［初版］
東京　：　みすず書房，　2003
5，304，20p　；　20ｃm．—（磁力と重力の発見　／　山本義隆　［著］）
ISBN4-622-08031-1
```

```
ルネサンス　／　山本義隆　［著］．— ［初版］
東京　：　みすず書房，　2003
5p，p305-604，18p　；　20ｃm．—（磁力と重力の発見　／　山本義隆　［著］）
ISBN4-622-08032-X
```

```
近代の始まり　／　山本義隆　［著］．— ［初版］
東京　：　みすず書房，　2003
5p，p605-947，7p　；　20ｃm．—（磁力と重力の発見　／　山本義隆　［著］）
ISBN4-622-08033-8
```

2
```
磁力と重力の発見．古代・中世　／　山本義隆　［著］．— ［初版］
東京　：　みすず書房，　2003
5，304，20p　；　20ｃm
ISBN4-622-08031-1
```

```
磁力と重力の発見．ルネサンス　／　山本義隆　［著］．— ［初版］
東京　：　みすず書房，　2003
5p，p305-604，18p　；　20ｃm
ISBN4-622-08032-X
```

```
磁力と重力の発見．近代の始まり　／　山本義隆　［著］．— ［初版］
東京　：　みすず書房，　2003
5p，p605-947，7p　；　20ｃm
ISBN4-622-08033-8
```

3
```
磁力と重力の発見　／　山本義隆　［著］．— ［初版］
東京　：　みすず書房，　2003
3冊　；　20ｃm
ISBN4-622-08031-1　（古代・中世）．—
ISBN4-622-08032-X　（ルネサンス）．—
ISBN4-622-08033-8　（近代の始まり）
```

問い4 ❷ この三冊の資料のなかの3冊目に,増補改訂版が刊行された。このとき,書誌記述はどのようになるか,説明せよ。また,これら四冊の資料の配架方法を説明せよ。

```
┌─────────────────┐  ┌─────────────────┐  ┌─────────────────┐
│  磁力と重力の発見   │  │  磁力と重力の発見   │  │  磁力と重力の発見   │
│                 │  │                 │  │                 │
│   古代・中世       │  │   ルネサンス       │  │   近代の始まり     │
│    山本義隆       │  │    山本義隆       │  │    山本義隆       │
│                 │  │                 │  │                 │
│                 │  │                 │  │                 │
│   みすず書房       │  │   みすず書房       │  │   みすず書房       │
└─────────────────┘  └─────────────────┘  └─────────────────┘

                                          ┌─────────────────┐
                                          │  磁力と重力の発見   │
                                          │                 │
                                          │   近代の始まり     │
                                          │    山本義隆       │
                                          │                 │
                                          │   **増補改訂版**    │
                                          │                 │
                                          │   みすず書房       │
                                          └─────────────────┘
```

■

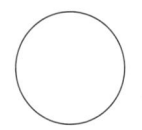

14 目録法に関する総合演習問題

まとめ

①**多冊もの**は，総合タイトルだけをもっていて，巻次で順序付けられ，完結する。

書誌記述は，総合タイトルを本タイトルに選択し，集合レベルで（複数冊まとめて）記述する。ページ数ではなく冊数を記録する。複数の出版年は，開始・完結の年をハイフンで結ぶ。複数のＩＳＢＮは，巻次を丸カッコ記号に挟んで付記し，連結記号で結ぶ。

| 永遠の仔 上 | 永遠の仔 下 | 問題な日本語 | 続弾！問題な日本語 |

| 近代の 四季の和菓子 ニッポンのスイーツ 明治 | 近代の 四季の和菓子 ニッポンのスイーツ 大正 | 近代の 四季の和菓子 ニッポンのスイーツ 昭和 | 近代の 四季の和菓子 ニッポンのスイーツ 平成 |

②多冊ものと 部編名をしたがえた単行書 とを，区別すること。

部編名は，本タイトルの「本体」に続けて，ピリオド・空白の後に記録する。

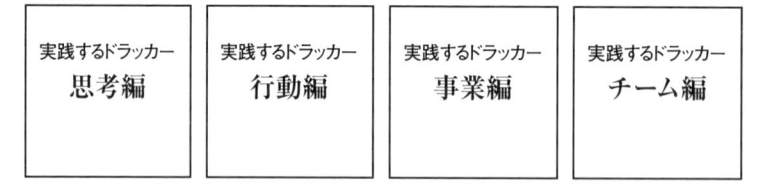

| 実践するドラッカー 思考編 | 実践するドラッカー 行動編 | 実践するドラッカー 事業編 | 実践するドラッカー チーム編 |

本タイトルの「部分」が一見したところ順序性は定かでなくとも，内容を推察して明らかにひとまとまりの連続性が確保されていると判断できる場合は，多冊ものとして扱う。

| オルレアンの乙女 ジャンヌ・ダルクの生涯 啓示編 | オルレアンの乙女 ジャンヌ・ダルクの生涯 怒濤編 | オルレアンの乙女 ジャンヌ・ダルクの生涯 殉教編 |

③多冊ものと 版を改めた（あるいは版を異にした）単行書 とを，区別すること。

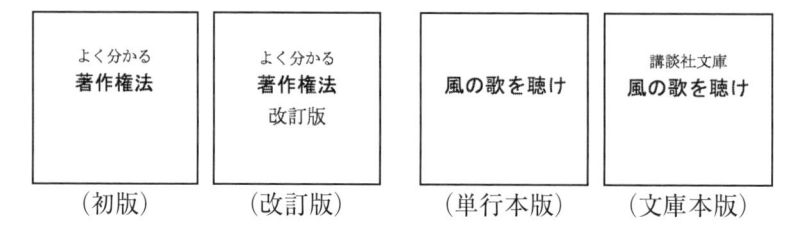

| よく分かる 著作権法 | よく分かる 著作権法 改訂版 | 風の歌を聴け | 講談社文庫 風の歌を聴け |
| （初版） | （改訂版） | （単行本版） | （文庫本版） |

④シリーズものとセットものとは，終期を予定しないで継続中か完結するかの違いはあるものの，いずれも個別タイトルと総合タイトルをもっていて，書誌階層を形づくる。

両者の書誌記述は，2層ないし3層の書誌階層を形づくると認識のうえ，<u>基本形としては，基礎書誌単位（基礎レベルの書誌単位）で記述する</u>。

基礎レベルでは，その資料にしか付いていない個別タイトルを本タイトルに選択する。総合タイトルは，その資料だけでなく，他にも付いている（付いていると推察できる）もので，「シリーズに関する事項」のエリアに丸カッコ記号で挟んで記録する。

| ちくま新書186
もてない男 | 講座言語の科学
第9巻
言語情報処理 |

| タニタ食堂
おいしい定食 | 続
タニタ食堂
もっとおいしい定食 | 文化遺産踏査記
Ⅰ
山は川を越えられず | 文化遺産踏査記
Ⅱ
すべて海へと続く道 |

⑤シリーズものやセットものの中に，<u>多冊もの</u>が存在することがある。

| 岩波文庫10912
現代家族法
Ⅰ | 岩波文庫10913
現代家族法
Ⅱ | 日本民俗文化大系
13
技術と民俗
上 | 日本民俗文化大系
14
技術と民俗
下 |

⑥総合タイトルが大小二つあって，3層（2＋1）の書誌階層を形づくることがある。このとき「シリーズに関する事項」のエリアでは，まず<u>大きい総合タイトル</u>以下の書誌事項を記録し，ピリオド・空白の後に，<u>小さい総合タイトル</u>以下の書誌事項を記録する。

| 新潮文庫5-3-21
豊饒の海
第1巻
春の雪 | HAYAKAWA BOOKS
87分署シリーズ
第56作
最後の旋律
FIDDLERS | 日本民俗文化大系
13
技術と民俗
上
海と山の生活技術誌 | 日本民俗文化大系
14
技術と民俗
下
町と村の生活技術誌 |

⑦書誌階層はバランスを欠くことがある。　⑧収録作品タイトルが標題紙に表示。

| STEPseries 内科
6
消化器・膠原病 | STEPseries 整形外科 | 新潮文庫8-4-45
芥川龍之介
蜘蛛の糸・
杜子春 | 世界教養全集
8
論語物語
下村湖人
聖書物語
山室 静 |

15 見出し項目の選出と編成

見出し項目の選出とその表記，
典拠コントロール，見出し項目の編成

15.1. 見出し項目の選出

見出し項目の選出は，書誌事項と主題に関する事項のなかから，見出し項目を選び出し，カタカナ表記でヨミを加え，分かち書きを施す作業です。見出し項目選出の方法論が「標目法」です。

　カード目録では，見出し項目を「標目」と呼び，カタカナ表記で分かち書きされたヨミが，カードの冒頭に記されます。一般に「タイトル」「著者名」「件名」「分類記号」の4種類の標目が設定できます。カード目録を複製して複数種類の標目を立てた場合に，カードの下辺に何種類の標目を作成したかを記録するのですが，これを「標目指示」と呼びます。

［注記］コンピュータ目録では，見出し項目を「アクセス＝ポイント」と呼び，その読み方がカタカナ表記でしるされた「ヨミ形」と，情報源に表示されている表記のままの「表記形」とが付され，両者はともに分かち書きされます。アクセス＝ポイントは「タイトル」「著者名」「件名」「分類記号」の4種類に加えて，ヨミは付いていないのですが「出版者」「出版年」「ＩＳＢＮ」などもアクセス＝ポイントとなります。検索は「ヨミ形」からも「表記形」からも可能で，文字列の途中からの検索もでき，アクセス＝ポイント同士を組み合わせて検索をかけたりすることもできます。

15.2. 見出し項目の表記

【1】タイトル標目（見出し項目として選出するタイトル）は，「本タイトル」，図書全体に包括的な総称がなく収録作品の個々のタイトルが並んで表示されている場合の「収録作品タイトル」，それに「別タイトル」とします。その他，必要に応じて，「サブタイトル」，「本シリーズ名」，「下位のシリーズ名」，注記の内容細目に記録した「収録作品タイトル」，「並列タイトル」などを，各図書館の判断でタイトル標目に加えることができます。

【1a】タイトル標目は，そのヨミを現代仮名遣いにしたがってカタカナ表記し，単語単

位での分かち書きを施します（日本目録規則では，文節あるいは複合語をもって分かち書きの単位とは，しません）。以下の事例箇所の△印は，1文字分の空白を表します。

例	圖書館の管理と運営	→	トショカン△ノ△カンリ△ト△ウンエイ
例	てふてふの歌	→	チョウチョウ△ノ△ウタ
例	シェークスピヤ全集	→	シェークスピヤ△ゼンシュウ

【1b】助詞「は」「へ」「を」は，標目では発音どおりの「ワ」「エ」「オ」とします。二語の連合または同音の連呼で生じた「ぢ」「づ」は，「ジ」「ズ」に統一し，拗音・促音は，小字の「ャ」「ュ」「ョ」「ッ」を用います。

| 例 | こんにちは赤ちゃん | → | コンニチワ△アカチャン |
| 例 | つづり方百選 | → | ツズリカタ△ヒャクセン |

【1c】日本語の長音は，直前の文字の母音を重ねます。ただし，オ列の長音は「ウ」と表記し，現代仮名遣いで「お」と書き表す例外的な場合にのみ「オ」と表記します。

| 例 | 母さん・姉さん | → | カアサン△ネエサン |
| 例 | 大阪の労働組合 | → | オオサカ△ノ△ロウドウ△クミアイ |

【1d】数字は，慣用の読み方を除き，次の原則で読み下します。一（イチ），二（ニ），三（サン），四（シ），五（ゴ），六（ロク），七（シチ），八（ハチ），九（ク），十（ジュウ）。

例	七人の敵がいた	→	シチニン△ノ△テキ△ガ△イタ
例	ゾルゲの二・二六事件	→	ゾルゲ△ノ△ニ△ニ△ロク△ジケン
例	二人の二百十日物語	→	フタリ△ノ△ニヒャクトオカ△モノガタリ

【1e】ローマ字は，発音にしたがって読み下します。Vの音は「ヴァ・ヴィ・ヴ・ヴェ・ヴォ」の表記を用います。長音は，外来語の場合と同様に，長音符号「ー」を用います。

例	ＷＨＯの歩み	→	ダブリューエイチオー△ノ△アユミ
例	新しいＰＬ／Ｉ　ｇｕｉｄｅ	→	アタラシイ△ピーエル△ワン△ガイド
例	ＴＶ・ＦＭ放送アンテナ	→	ティーヴイ△エフエム△ホウソウ△アンテナ

【1f】記号は，読みうるものは読み下し，読みえない場合には無視します。

| 例 | ○△□の本！！ | → | マル△サンカク△シカク△ノ△ホン |

【2】著者標目（見出し項目として選出する著者名）は，書誌記述のなかの位置付けにしたがって，「タイトルと責任表示に関する事項」に記録されている個人・団体とします。その他，必要に応じて，本シリーズ・下位のシリーズに関係する責任表示として記録されて

15 見出し項目の選出と編成

いる個人・団体，注記に記録されている個人・団体などを加えることができます。

　また，著作物への関与の度合いにしたがって，内容に関する創造・具現に直接的な責任を果たしている，著者，編纂者，（画集における）画家，（写真集における）撮影者などを著者標目とします。その他，必要に応じて，間接的な寄与を果たしている，翻訳者，編者，監修者，校訂者，注釈者などを加えることができます。

　それぞれの図書館では，書誌記述のなかの位置付けと著作物への関与の度合いとを組み合わせて，あらかじめ著者標目の範囲を決めておく必要があります。

【2a】著者標目も，そのヨミを現代仮名遣いにしたがってカタカナ表記し，個人名で姓と名から構成されているものは，そのあいだを**コンマ記号**で区切ります。

- 例　佐和隆光　　→　サワ,△タカミツ
- 例　養老孟司　　→　ヨウロウ,△タケシ

およそ中世までの人名で慣用される，姓と名のあいだの「ノ」の読みは，採用しません。

- 例　藤原定家　　→　フジワラ,△サダイエ
- 例　千利休　　　→　セン,△リキュウ

ただし，姓が単一の音（長音を含む）の場合には，例外として「ノ」を送ります。

- 例　紀貫之　　　→　キノ,△ツラユキ
- 例　太安万侶　　→　オオノ,△ヤスマロ

【2b】姓と名から構成されていない個人名については，全体を一語とみなします。したがって，標目はコンマ記号では区切らずに，単語単位での分かち書きだけを施します。

- 例　紫式部　　　→　ムラサキ△シキブ
- 例　藤原道綱母　→　フジワラ△ミチツナ△ノ△ハハ

ペンネームや芸名などで知られていても，それが姓と名から構成されていなかったり，姓と名に分離することが困難なかたちをしていたりする場合には，やはり全体を一語とみなして，コンマ記号では区切らずに，単語単位での分かち書きだけを施します。

- 例　ビートたけし　　→　ビート△タケシ
- 例　ドクトル・チエコ　→　ドクトル△チエコ

【2c】同姓同名の異人は，生没年を西暦で表記し**丸カッコ記号**に挟んで付記します。生没年でも区別できないときには，職業や専門分野などを追加します。

- 例　小野茂　　　→　オノ,△シゲル（1925-）
- 　　小野茂　　　→　オノ,△シゲル（1930-）
- 例　大島清　　　→　オオシマ,△キヨシ（1930-△金融業）
- 　　大島清　　　→　オオシマ,△キヨシ（1930-△農業経済）

【2d】西洋人名は，著者が常用しているかたちか，確立している慣用形を採択して，カタカナ表記します。このとき，<u>姓・名の順序に転置して**コンマ記号**で区切ります</u>。なお，名がイニシャル形で表示されている場合は，例外としてローマ字そのままとします。
- 例 プラトー　　　　　　　→　プラトン
- 例 D. H. ロレンス　　　→　ロレンス,△D. H.
- 例 シャルル・ド・ゴール　→　ド・ゴール,△シャルル

【2e】団体著者の名称は，法人組織を示す語句で冒頭に位置するものは省略し，単語単位で分かち書きします。団体名が内部組織を含めて表示されている場合には，標目では内部組織の名称を省略します。
- 例 大阪市総合計画局河川部　→　オオサカシ
- 例 日本山岳会東海支部　　　→　ニホン△サンガクカイ

ただし，大学や地方自治体に付属する図書館・博物館・研究所・試験場・病院などは，内部組織の名称も含めた，一般によく知られた呼び方を標目とします。
- 例 名古屋市美術館　　→　ナゴヤシ△ビジュツカン
- 例 佐賀大学附属病院　→　サガダイガク△フゾク△ビョウイン

【3】件名標目と分類標目

件名標目（見出し項目として選出する件名）も，そのヨミを現代仮名遣いでカタカナ表記し，漢字形がある場合は丸カッコ記号に挟んで付記します。分類標目（見出し項目として選出する分類記号）は，分類表での記号のかたちにしたがいます。

【4】典拠コントロール

<u>典拠コントロールとは，見出し項目の統一形を定めて，そのかたちが一貫して使われるように維持管理する活動のことです</u>。たとえば，著者名の表記が複数の資料で異なる場合に，著者が常用しているかたちか，確立している慣用形，あるいは特定の参考図書に記載されているかたちに準拠して統一形を定め，この統一形と統一形に採択しなかった表記とのあいだで関連付けを行ないます。

<u>こうした典拠コントロールの活動の記録を，典拠ファイルといいます。</u>

【4a】<u>「を見よ参照」は，他の表記のかたちから，統一形へと導くときに用います。</u>
①ある特定の著作にしか用いられていない名称か，あるいはペンネームなどが知られていて本名を示す必要性が乏しい場合。
- 例 ヒラオカ,△キミタケ（平岡公威）
　　　　ミシマ,△ユキオ（三島由紀夫）を見よ

②統一形の名称の読みとは異なる読みが存在し，広く知られているような場合。

> **例** ヤマダ,△フウタロウ（山田風太郎）
>
> 　　　　ヤマダ,△カゼタロウ（山田風太郎）を見よ

③団体名における正式名称と略称形が存在する場合。

> **例** エヌエイチケイ（ＮＨＫ）
>
> 　　　　ニホン△ホウソウ△キョウカイ（日本放送協会）を見よ

【4b】「をも見よ参照」は，複数の統一形が採択された場合に，互いに相手を導くときに用います。

①改名改姓した著者が，新旧の姓名でそれぞれの時期に著作をものしている場合。

> **例** セトウチ,△ハルミ（瀬戸内晴美）
>
> 　　　　セトウチ,△ジャクチョウ（瀬戸内寂聴）をも見よ
>
> 　　　セトウチ,△ジャクチョウ（瀬戸内寂聴）
>
> 　　　　セトウチ,△ハルミ（瀬戸内晴美）をも見よ

②同一著者が，たとえば小説と評論のような分野別で名称を使い分けている場合。

> **例** クリモト,△カオル（栗本薫）
>
> 　　　　ナカジマ,△アズサ（中島梓）をも見よ
>
> 　　　ナカジマ,△アズサ（中島梓）
>
> 　　　　クリモト,△カオル（栗本薫）をも見よ

【4c】統一タイトル

タイトル標目は，統一形を定めることはせず，原則として情報源に表示されているかたちをそのまま採択します。ただし，古典のなかで著者名が不明でさまざまな書名で伝わっている無著者名古典，あるいは宗教上の聖典や音楽作品などについては，日本目録規則の付録4に「無著者名古典・聖典統一標目表」が用意されて，「統一タイトル」が定められています。たとえば「アラビアン＝ナイト」「千夜一夜物語」「千一夜物語」などで知られる無著者名古典は，統一タイトルに「千一夜物語」が採択されています。

15.3. 見出し項目の編成

見出し項目の編成は，選び出した見出し項目をヨミの音順にしたがって並べることです。1件ずつの目録を見出し項目の順に配列していき，目録全体を編成します。見出し項目編成の方法論が「排列法」です。

　一般に，文字列の配列には「語順配列」と「字順配列」とがあります。前者の語順配列

は，単語を一つの単位として（つまり，分かち書きされた空白を意識して）音順で並べるものです。後者の字順配列とは，分かち書きされた空白は無視してひと連なりの文字列と考え，1文字ずつの音順で配列したものです。

【1】 タイトル標目は，五十音順の字順配列を原則とします。

> 例
> ↓ ケイザイ△エンジョ△ノ△ケンキュウ　（経済援助の研究）
> 　 ケイザイガク　　　　　　　　　　　　（経済学）
> 　 ケイザイ△ト△シャカイ　　　　　　　（経済と社会）

【1a】 記号類の扱いは，①濁音・半濁音は，清音として配列する，②拗音，促音，それに外来語で用いる小字は，直音とみなして配列する。③長音符号，句読点，カッコ記号などは無視して配列する，とします。

> 例
> ↓ ジョギング△ケンキュウ　（ジョギング研究）
> 　 ショシ△データベース　　（書誌データベース）
> 　 ショート△ショート　　　（ショートショート）

【1b】 配列が同一の順位となってしまう場合には，表記形に使用されている文字に着目し，①カタカナ，②ひらがな，③漢字（画数の昇順），④ローマ字の順に配列します。

> 例
> ↓ ツレズレグサ　（つれづれぐさ）
> 　 ツレズレグサ　（つれづれ草）
> 　 ツレズレグサ　（つれづれ種）
> 　 ツレズレグサ　（徒然草）

【1c】 ローマ字表記は，アルファベット順に字順配列します。ただし，①ハイフンやアポストロフィなどの記号類を無視する，②大文字・小文字の区別を無視する，③文字に付けられた発音符号などの付加記号を無視する，④冒頭の冠詞を無視する，とします。

【1d】 同一目録のなかでは，①五十音順のグループ，②アルファベット順のグループ，③数字順のグループ，という順に配列します。

【2】 著者標目は，姓と名をおのおの区別した語順配列を原則とします。

> 例
> ↓ クボ,△ヨシヒデ　　（久保義英）
> 　 クボタ,△エイサク　（窪田栄作）
> 　 クボタ,△ケイコ　　（久保田恵子）
> 　 クボデラ,△カナ　　（窪寺加奈）

15 見出し項目の選出と編成

【2a】配列が同一の順位となってしまう場合には，表記形に使用されている文字に着目し，①カタカナ，②ひらがな，③漢字（画数の昇順），④ローマ字の順に配列します。

> 例
>
> カワムラ,△アイコ　　（川村アイ子）
> カワムラ,△アイコ　　（川村あい子）
> カワムラ,△アイコ　　（川村愛子）
> カワムラ,△アイコ　　（河村アイ子）

個人名，団体名が同一配列順位となる場合は，①個人名，②団体名の順とします。

> 例
>
> ダイマル,△ヒロシ　　（大丸宏）
> ダイマル　　　　　　（大丸株式会社）

同名異人は，生没年，職業や専門分野などの順により，同名異団体は，所在地，創立年などの付記事項を考慮して，それぞれに配列します。

> 例
>
> オオシマ,△キヨシ（1930-△金融業）　　（大島清）
> オオシマ,△キヨシ（1930-△農業経済）　（大島清）

【3】件名標目と分類標目

件名標目は，主たる件名と件名細目とを，おのおの区別した語順配列を原則とします。ただし，時代細目は年代順とします。分類標目は，分類表の記号の順に拠ります。

15 演習問題　見出し項目の選出と編成

問い1　『情報ニーズに基づく意思決定を考える』というタイトルの図書，タイトル標目の表記で正しいものを選び，冒頭の数字を○印で囲め。

1　ジョウホウ　ニーズ　ニ　モトズク　イシ　ケッテイ　ヲ　カンガエル
2　ジョウホウ　ニーズ　ニ　モトズク　イシ　ケッテイ　オ　カンガエル
3　ジョーホー　ニーズ　ニ　モトヅク　イシ　ケツテイ　オ　カンガエル
4　ジョオホウ　ニイズ　ニ　モトヅク　イシ　ケッテイ　ヲ　カンカエル
5　ショウホウ　ニイス　ニ　モトツク　イシ　ケツテイ　ヲ　カンカエル

問い2　下記の著者名に，著者標目の表記を与えよ。

1．村山リウ
2．ジェームス三木
3．つんく♂
4．C．W．ニコル
5．昭和天皇
6．日本中央競馬会ウインズ事業運営部
7．東京大学史料編纂所前近代日本史情報国際センター
8．東京都生活文化局広報広聴部広報課

問い3　下記の三つの資料について，正しい配列順を選び，冒頭の数字を○印で囲め。

a　『情報ニーズに基づく意思決定を考える』
b　『滋養強壮長生き万歳』
c　『商法の基礎読解』

1　a ⇒ b ⇒ c
2　a ⇒ c ⇒ b
3　b ⇒ c ⇒ a
4　b ⇒ a ⇒ c
5　c ⇒ b ⇒ a
6　c ⇒ a ⇒ b

15 演習問題　見出し項目の選出と編成

問い4 次のリストのうち，目録の性格をもつものをすべて選び，冒頭の数字を○印で囲め。

1　秋田県秋田市の国際教養大学 附属図書館 本日の新規購入希望 図書リスト
2　宮内庁 書陵部（しょりょうぶ）図書寮文庫（ずしょりょうぶんこ）古典籍リスト
3　全国学校図書館協議会主催 青少年読書感想文全国コンクール 課題図書リスト
4　出版ニュース社編纂による 昨年度に出版されたライトノベル 全作品リスト
5　ＢＯＯＫＯＦＦ海老名さがみ野駅前店 百十円コミックス 本日の棚出しリスト

問い5 左側の語句について，該当する文章を右側から選び，●印同士を直線で結べ。

辞書体目録 ●	● 書誌や目録といった文献リストを対象に，その書誌データをさらにリスト化した，いわば三次資料。
選択書誌 ●	● 目録の見出し項目であるタイトル・著者名・件名を混配し，一つの目録として編成したもの。
書誌の書誌 ●	● 複数の図書館の所蔵状況を一つの目録として編成したもの。英語「union catalog」の日本語訳。
コンコーダンス ●	● 一定の採択基準を設け，その基準に見合った資料のみを選りすぐって掲載したリスト。
全国書誌 ●	● 特定著作のすべての語を見出し項目とする索引で，その語を含む前後の文章も一緒に提示するもの。
総合目録 ●	● ある一国で刊行されたすべての出版物を，網羅的に収録した書誌。日本では国立国会図書館が作成しており，コンピュータ化されている。

∎

［目録法キイノート・大尾］